精益自主研实战系列教程

精益工厂
内部物流管理
实践手册

MANAGEMENT IN INTERNAL LOGISTICS

A PRACTICAL MANUAL FOR LEAN FACTORY

周彬彬　　王奎　　编著

机械工业出版社

CHINA MACHINE PRESS

本书从精益工厂内部物流实际出发，针对内部物流的容器、线边、超市、水蜘蛛、看板、信息流装置等核心要素，结合作者 10 余年精益物流咨询经验，总结了各要素设计步骤和注意事项。本书内容从物流系统的角度分析了物流各要素间的关联，力求从系统上提高物流的有效性，具有很强的实用性，书中有很多具体的照片、表单和案例分析，可使读者更容易理解，即读即用，借鉴性很强。

　　本书不仅适用于传统的大批量生产型企业的内部物流设计与改善，而且适用于多品种、小批量甚至定制化产品的企业，可供企业生产管理人员、物流人员、精益推进者及其他感兴趣者参考使用。读者既可以参照本书内容进行初步的内部物流设计，也可以进行更深入的物流改善。

图书在版编目（CIP）数据

精益工厂内部物流管理实践手册/周彬彬，王奎编著. —北京：机械工业出版社，2021.4（2024.7 重印）

精益自主研实战系列教程

ISBN 978-7-111-67876-2

Ⅰ.①精… Ⅱ.①周…②王… Ⅲ.①工业企业管理-物流管理-手册

Ⅳ.①F406-62

中国版本图书馆 CIP 数据核字（2021）第 057165 号

机械工业出版社（北京市百万庄大街 22 号　邮政编码 100037）

策划编辑：李万宇　责任编辑：李万宇　佟　凤

责任校对：董艳蓉　封面设计：马精明

责任印制：邓　博

北京盛通数码印刷有限公司印刷

2024 年 7 月第 1 版第 3 次印刷

169mm×239mm · 13 印张 · 245 千字

标准书号：ISBN 978-7-111-67876-2

定价：59.00 元

电话服务　　　　　　　　　　　网络服务

客服电话：010-88361066　　　　机 工 官 网：www.cmpbook.com

　　　　　010-88379833　　　　机 工 官 博：weibo.com/cmp1952

　　　　　010-68326294　　　　金 书 网：www.golden-book.com

封底无防伪标均为盗版　　　　　机工教育服务网：www.cmpedu.com

让物料和信息流动起来

"兵马未动，粮草先行"，在生产型企业中，物料就是粮草，在生产人员就位、设备启动前，物料应当首先就位，并且随着生产过程进行源源不断的补充。为了追求更高效率和更低成本，这种补充必须具备鲜明的特点：需要什么就补充什么、需要多少就补充多少、需要什么时间补充就什么时间补充。这种补充方式转换成精益的语言就是准时化（Just in Time，JIT）。

在生产过程中，物料应顺畅、快速地流过每一道工序，增加价值，最终满足客户需求。物料就像血液一样，为生产线提供营养、不断增值；与其相应的物流系统就是血液循环系统，须确保血液顺畅、快速地流动。一旦血液循环系统中的任何一个点发生堵塞，都会产生血流停滞、引发问题。因此，应该建立一个流动的物流系统，在这个系统中，各种物料顺畅流动，没有障碍，没有停滞，在需要的时间运送到需要的地方。本书旨在设计与改善出一个这样的精益内部物流系统，使工厂内的物料和信息顺畅流动起来。

精益内部物流理论来源于丰田生产体系（Toyota Production System，TPS）。"我们所做的，其实就是注意从接到顾客订单到向顾客收账期间的作业时间，由此消除不能创造价值的浪费，以缩短作业周期"，大野耐一这样总结精益思想的精髓。他遵循丰田喜一郎提出的JIT准时化生产理念，借鉴美国超市的方式，形成基于拉动的生产流和物流模式：在必要的时间生产必要数量的必要产品，杜绝过量生产和库存的浪费，在更好地满足客户需求的同时，缩短交期、降低成本。精益内部物流系统以客户需求为出发点，通过定拍工序的线边物料消耗，引起超市消耗，超市又以看板为信息传递方式拉动上游工序生产，这样最大限度减少浪费，缩短作业周期。

在现实生产过程中，超市已经普遍存在，以需求拉动补充的精益内部物流体系在理论上非常容易理解，工厂也或多或少地在进行内部物流的设计与改善。但在很多工厂中，物流运行的效率并不高，没有顺畅地流动起来。虽然现场可以看到有线边形式，也有水蜘蛛在运行，但现场的物料还是很多，占满了各种空间。仔细观察会发现更多问题：线边物料并没有配送到使用点，员工需要走动拿取；水蜘蛛没有按照标准作业运行，自行安排工作，认为只要不耽误生产即可，物料多放些没事；信息流混乱，用企业资源计划（Enterprise Resource Planning，ERP）等系统产生的计划不适合实际生产情况，造成物料短缺、更改，甚至错误等。

造成这种现象的原因很多，有管理方面的也有技术方面的。对于精益技术，应从内部物流的广度和深度进行分析，广度是指对精益内部物流系统范围的理解和运用，深度是指对内部物流工具认识和运用的程度。

广度上，内部物流由诸多工具组成，但它更是一个系统，各工具间相互影响。单个工具运行时，只能发挥少于30%的功能，只有在系统性运行时各个工具才能更好地发挥作用。对内部物流系统性认识和改善的不足是许多企业内部物流运行不畅的主要原因。

1）内部物流涉及的部门和人员较多，如生产线、仓库、物流、生产计划等，不同的部门与人员更关注自己相关的工具应用，往往会忽略其他部门和工具的应用，这就会对物流系统的整体运行产生影响。

2）系统性的改善。内部物流系统搭建完成后，随着生产运行会发生各种变化，如型号变化、数量变化等，对应物流系统也要发生变化，如果只是"头痛医头、脚痛医脚"，那么对物流系统其他部分就会产生不利影响，同样影响整体效果。

3）将内部物流系统前后延伸，会扩展到生产流动和外部物流流动，企业如果没有进行很好的生产流动，就贸然进行物流改善，那么生产流动的各种问题，如换型时间长、生产线不平衡、异常多等，必然会对内部物流产生影响，这也是对物流系统不理解造成的后果。

深度上，是指对内部物流工具认识和运用的程度。内部物流中的核心工具如线边、超市、水蜘蛛、看板等，都有各自的特点和运行条件，理论上很简单，但都需要根据实际情况进行具体设计，而不能根据理论生搬硬套，而且，需要根据生产、物料等的变化，适时调整。没有深入研究各个工具或没有根据现场实际情况进行改善而导致工具本身运转不畅，是造成整体物料不能顺畅流动的原因之一。

为了帮助企业更好地消除浪费、减少库存、缩短周期，使物料顺畅流动起来，本书从内部物流的工具本身和内部物流系统出发，结合了大量精益内部物流改善实践，供大家参考学习。章节安排上，第1章、第2章为整体介绍内部物流和生产流，第3章到第8章为具体工具和系统的讲解，是本书的重点内容，第9章到第10章是内部物流的模拟、运行与异常响应，第11章是内部物流的延伸，第12章为内部物流改善案例。

本书是实践的总结，具有以下三个特点。

1）深入性：从是什么（What）、为什么（Why）和如何进行（How）三个方面对每一个工具进行了深入分析，特别是结合项目经验总结了各个物流工具的设计步骤和注意事项，并在第 10 章中，专门介绍了内部物流设计与改善中常见的问题和对策，以使初学者少走弯路，使迷茫者清楚目标和方向。

2）系统性：书中的内容关注每一个具体的物流工具的同时，更关注系统性，不仅详细分析了工具与工具间的关系和相互影响，强调了系统的重要性，而且将内部物流系统向前（生产流动）和向后（外部物流）延伸，形成全面流动管理系统，使内部物流系统更有效。

3）实践性：本书在讲解理论的同时还注重实践，有很多具体的照片、表单和案例分析，更容易直观理解。第 12 章是近年的一些内部物流整体性改善案例，便于学习参考。

本书理论上源自丰田生产体系两大支柱之一的 JIT，并借鉴精益专家 Euclides A. Coimbra 的全面流动管理（Total Flow Management，TFM）理论，结合作者 10 余年精益咨询经验总结而成。书中内容由浅及深，理论结合实践，可即读即用。读者既可以参照本书内容进行初步的内部物流设计，也可以进行更深入的物流改善。本书中的离散型行业物流设计与改善，不仅适合传统大批量的生产型企业，而且适合多品种、小批量甚至定制化产品的企业，书中既有理论讲解，又有实践案例，特别是融入了诸多实践项目的成功和失败经验，适合企业生产管理人员、物流人员、精益推进者及其他感兴趣者参考使用。

让物料和信息流动起来，减少库存，缩短交期，是物流人员追求的目标，是生产人员追求的目标，也是管理者的努力方向，更是精益供应链追求的终极目标，希望本书能在精益物流改善之路上助大家一臂之力。

最后，必须声明，本书的观点并非全部出自作者，我们是把无数前辈们和精益同仁们所领悟的哲学和理论、把曾经服务过的众多企业所用的工具和实践，进行了梳理和总结。借本书，向精益前辈和优秀企业致敬，向改善协会（Kaizen Institute，KI）及 Euclides 表示感谢，感谢其将我引入精益之路，感谢唐道述精益战略转型咨询公司给我提供了诸多实践机会，感谢服务过的优秀企业使我不断成长。由于时间和能力有限，未免有不足之处，我将继续改进和完善。

周彬彬

目 录

第 1 章

内部物流概述

物流包括物料流和信息流，两者是相互依存的。内部物流特指工厂内部的物料与信息流动。通常来讲，内部物流的范围从原材料超市开始，到成品进入成品超市为止，更关注工厂本身内的物料和信息流动，本书重点讲述的也是这个范围的设计与改善。物流是在整个供应链上流动的，在供应链上不断增加价值，最终到达使用客户。精益中，将物流在供应链上的流动称为全面流动，对应的改善管理称为全面流动管理。

全面流动管理从内向外包括生产流动、内部物流流动和外部物流流动。在物料的流动过程中，任何一个点的停顿都会造成物料的停滞，也即流动暂停，就会产生库存。因此物流改善是整个供应链上的改善，是全面流动管理改善。本书的重点是内部物流流动，在第 2 章会介绍生产流动的核心改善，在第 11 章会介绍外部物流的核心改善。

本章将整体性介绍全面流动管理，重点整体概述内部物流的各个工具及内部物流系统，为后续各工具的展开打好基础。

🔅 1.1　全面流动管理概述

1.1.1　TPS 核心概念

1. 库存的浪费

在精益的七种浪费（过量生产、库存、动作、返工、多余工序、运输、等待）中，库存是明显且严重的浪费。库存浪费的范围不仅包括成品库存，也包括原材料、在制品、辅料、备件等所有超出工作所需的物品。

精益认为库存浪费是万恶之源，因为会引起很多其他问题，如占用更多面积、增加搬运、需要进行管理、存在质量风险、占用资金等。实际工厂中，库存浪费产生的无形损失要远远大于上述的有形损失。精益认为问题就是机遇，应该不断暴露问题与解决问题，而库存却能掩盖问题，使问题暴露不出来。当发生如设备、人员、质量等问题时，可以用库存先顶上，问题可以慢慢解决，甚至不解决，减少了解决问题的紧迫感。就像轮船在大海上航行一样，当水位较高（库存较大）时，各种礁石（问题）就被掩盖了（图1-1）。

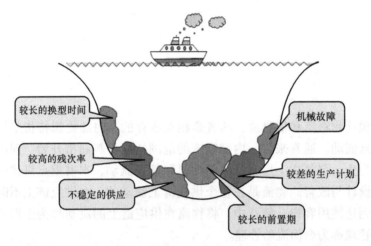

图1-1　库存之海（较大库存）

面对较大的库存，一方面，通过各种改善，不断解决各种问题，使水位（库存）降低；另一方面，主动降低水位（库存），来暴露更多问题，倒逼更快速地解决问题，最终使库存降下来，减少甚至消除库存浪费（图1-2）。

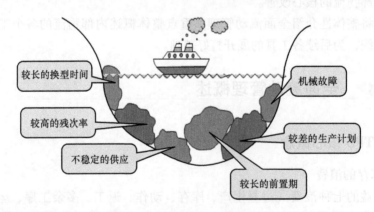

图1-2　库存之海（降低库存）

从流动的角度来说，当物料停滞的时候，就产生库存，停滞时间越长库存也越大，而当物料流动起来的时候库存最少。全面流动管理希望通过减少停滞、加速流动，来减少库存浪费。全面流动管理中的各种工具，直接或间接地都会对库存的减少产生影响。

2. TPS 两大支柱之一的 JIT

丰田生产方式的两大支柱为自働化⊖和准时化。丰田喜一郎在举母建立工厂时即提出并践行准时化理念。其原理是在必要的时候，生产必要数量的必要产品，也就是消除一切浪费的思想。图 1-3 所示为丰田精益屋和丰田喜一郎的 JIT 理念。

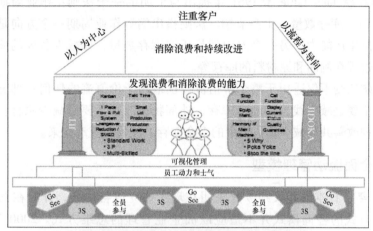

图 1-3　丰田精益屋和丰田喜一郎的 JIT 理念

大野耐一是准时化理念的主要践行者，在丰田喜一郎思想基础上，大野耐一借鉴美国超市的理念，提出了物料超市概念，通过生产看板拉动上游工序的生产，建立了拉动生产系统。精益内部物流系统实际上就是拉动生产系统，其

⊖　自働化中的"働"为动的异体字，但在丰田生产方式中被赋予了不同于"动"的特殊含义，且被业界所公认并广泛使用。为了尊重行业习惯，本书将沿用自働化的提法。

中的物流、信息流工具，皆源于丰田喜一郎和大野耐一的准时化思想。

3. 利特尔法则

精益通过识别与消除流程中的浪费，来缩短生产周期，最终达到降低成本、提高竞争力的目的。前文也提过，大野耐一认为改善其实就是注意从接到顾客订单到向顾客收账期间的作业时间，消除浪费，以缩短作业周期。因此，缩短作业周期是物流改善的目标和出发点。

而对于如何缩短作业周期，利特尔法则指出了方向。利特尔法则是麻省理工学院的教授 John Little 于 1961 年提出与证明的一个法则：作业周期（Lead Time，L/T）= 库存数量×生产节拍。法则指出缩短作业周期一个方向是降低节拍，即提高生产能力，另一个方向就是压缩库存数量，即减少各处的库存，包括成品、过程在制品和原材料的库存等。

利特尔法则不仅适用于整个价值流，也适用于价值流的任何一部分。内部物流改善主要是减少线边和超市库存，外部物流改善主要是减少原材料和成品库存，各种改善共同减少价值流中的多余库存，使物料流动起来。

1.1.2 全面流动管理模型

1985 年，日本改善大师今井正明在瑞士成立改善协会，开始在欧洲推广改善，但日式的咨询模式并不适应欧洲企业管理的思维方式。2000 年左右，以 Euclides 为主的葡萄牙/西班牙团队，将 TPS 的思想和工具与欧洲企业管理的实际相结合，并借鉴全面设备维护、全面质量管理形式，形成全面流动管理系统。

全面流动管理的核心工具和思想皆源于丰田生产体系，根据欧美企业特点进行细化和延伸，同时符合欧美管理人员的思维逻辑方式，因此，全面流动管理推出后，受到很多企业的欢迎。Euclides 在 2011 年将全面流动管理理念出版成书，书名为《Total Flow Management》，2016 年推出汉语版，书名为《物流与供应链改善》（*Kaizen in Logistic and Supply Chain*）。

全面流动管理特别适合离散型行业的精益改善。其起点是定拍工序，从定拍工序开始，逐步向外消除、减少或转移浪费，减少各个过程的在制品，加速流动、缩短交期，实现整个供应链上的 JIT。

Euclides 将改善工具模型化，形成全面流动管理模型，如图 1-4 所示，模型有五个大的模块，分别是基本稳定性、生产流动、内部物流流动、外部物流流动和价值流设计，每个模块又由具体的精益工具组成。在五大模块中，最核心的是生产流动、内部物流流动和外部物流流动，在下一节将简要介绍这三个主要模块。

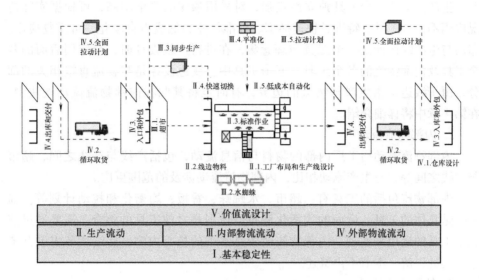

图1-4　全面流动管理模型

1.1.3　全面流动管理核心内容

1. 生产流动

生产流动指生产线，包括流水线、单元线或工作站等本身的流动。生产流动改善的目标是：

1）消除浪费：减少和消除作业员工的浪费，只进行最增值的工作。

2）单件流：整个生产线能实现顺畅的单件流，一次只生产一个产品。

3）定制化：柔性生产，能高效灵活地实现多品种、小批量生产。

生产流动包括五个工具，即布局与生产线设计、线边设计、标准作业、快速换型和低成本自动化，各工具基本内容如下：

1）布局与生产线设计：介绍生产线布局原则，是精益工具和精益思维的集合运用。

2）线边设计：生产与物流的边界设计，目标是减少生产员工动作浪费、减少线边库存，适应多品种、小批量及定制化产品需求。

3）标准作业：对生产线每一个工位进行浪费识别和消除，进行工位平衡、人机结合、稳定性建设等改善。

4）快速换型：采用经典快速换型步骤，减少时间损失，减少库存，增加柔性；快速换型对于减少库存有积极意义，在后续章节中将详述。

5）低成本自动化：通过减轻劳动强度、防错、自动退出等方面的改善，进一步减少和消除生产线浪费。

生产流动的五个工具独立性较强,对采用顺序的要求不高,可根据实际情况应用不同的工具。特别是快速换型、标准作业和低成本自动化,可反复应用。布局与生产线设计是一个工具与理念集,在进行产线设计时,会应用后面的各个工具及内部物流的各个工具。五个工具中,线边设计是与物流直接相关的部分,由于线边是指生产与物流的边界,有时也将其归在内部物流流动模块中,在第 4 章中将详细介绍。

2. 内部物流流动

内部物流流动指工厂内部的物料与信息流动,包括产线与产线之间、超市与产线之间等,与生产流动相比,内部物流流动涉及的范围更广。

内部物流包括的工具有:超市、水蜘蛛、看板、均衡化和拉动计划等。前三个是具体的工具,后面的均衡化和拉动计划是之前工具的整合,需要通过前三个工具的运用来实现。内部物流改善是本书的核心内容,后续章节将展开各个工具的讲解,本节不再赘述。

3. 外部物流流动

外部物流流动是指涉及上游供应商和下游客户的流动。外部物流流动改善的目标是在供应链上进行改善,使整个价值流过程都能流动起来。

外部物流包括五个工具,即仓库设计、循环取货、入库与外包、出库与交付、全面拉动计划。其基本内容为:

1)仓库设计:仓库布局原则、仓库改善方法。

2)循环取货:循环取货的优缺点、设计步骤、注意要点等,在本书 11.2 节中将有详述。

3)入库与外包:原材料进入仓库的流程与改善方法。

4)出库与交付:成品库设计与出库操作的流程与改善方法。

5)全面拉动计划:在整个供应链上进行拉动,不断地进行生产流动、内部物流、外部物流改善,形成供应链上的全面流动。

外部物流可以认为是内部物流的延伸,两者工具有一定类似性,如仓库设计与超市、水蜘蛛与循环取货、拉动计划与全面拉动计划等。

全面流动管理的五个模块,实施有一定顺序。①进行基本稳定性建设,使人、机、料、法、环等各方面具备基本稳定性,然后进行生产流动改善;②生产流动针对具体的生产线,管理范围较小,适合快速改善,建立改善氛围;③内部物流的范围较生产流动要大,且实施工具要在生产流动工具的基础上,因此要在生产流动改善进行一段时间后再进行;④外部物流是内部物流的延伸,范围更广、难度更大,通常在生产流动和内部物流改善进行较长一段时间后再开展;⑤价值流设计虽然在第五个模块,但在其他模块的改善中都可以运用,是贯穿始终的模块。

　　内部物流工具

在全面流动管理中，内部物流是其中关键的一种流动，承前启后，向前影响生产线的流动，向后影响外部物流流动。内部物流由诸多工具组成，这些工具相互作用，形成内部物流系统。本节将介绍内部物流中的各个工具，为后续展开做整体铺垫。

1.2.1　内部物流工具综述

内部物流的核心工具有：容器、线边、超市、水蜘蛛、看板和信息流装置。核心工具又可以进行扩展和延伸。图1-5所示以三级架构（产线级、车间级和工厂级）形式体现了内部物流的各个工具。

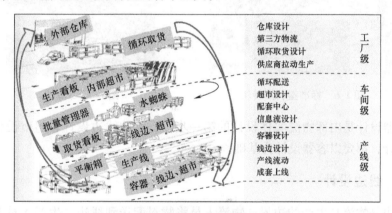

图1-5　三级架构式内部物流工具

1）物流上：从后向前（拉动的方向）包括容器、线边、超市、水蜘蛛、仓库等工具，它们是物料的载体，进行物料的流动。

2）信息流上：从前向后（信息流动方向）包括物流箱、平衡箱、各种看板、顺序器等工具，它们是信息的载体，进行信息的流动。

3）产线级：包括容器设计、成套设计、线边设计，产线流动和成套上线设计等。

4）车间级：包括循环配送、超市设计、配套中心设计、信息流设计等。

5）工厂级：是内部物流的延伸，包括仓库设计、第三方物流、循环取货、供应商拉动生产等内容。

1.2.2　容器设计

工厂中，一般将较大、较重的物料称为A类物料，螺栓、垫片等小型标准件、通用件称为 C 类物料，介于两者之间的体积和重量适中的物料称为 B 类物料。在内部物流中，通常除 A 类外，物料都放在容器中，以容器为最小单位进行转运。容器设计即指为每一种物料设计容器。容器可以是标准塑料周转箱（图 1-6），也可以是工装车（图 1-7）。容器设计要基于一定的原则，如尺寸型号标准化、容器小型化、带轮工装车、裸件上线、成套上线等，以减少叉车使用、符合人机工程学，特别是要满足小批量、多品种、高频次水蜘蛛式运输的需求。设计容器后，在内部物流流动中，不管是超市还是水蜘蛛运输，不管是满容器还是空容器，都是以这种容器为最小单位进行流转。

图 1-6　标准塑料周转箱

图 1-7　工装车

容器设计是内部物流实体设计的第一步，后续的线边设计、超市设计和水蜘蛛设计，都要以容器设计为基础。

1.2.3　线边设计

线边是物流与生产的边界，物流人员将物料配送到线边，生产人员拿取物料进行生产。合理的线边设计可以减少线边物料数量、节省占地面积、减少操作人员的动作浪费，满足生产线 JIT 生产需求。线边设计案例如图 1-8 所示。

图 1-8　线边设计案例

线边设计的主要内容为设计线边物料的数量和补充形式、放置位置，设计并建立实体料架。

1）线边零件数量和补充形式：线边零件分为看板零件和顺序零件，其放置数量、补充形式等都需要对应设计，这是线边设计的首要内容。

2）线边零件放置位置：设计将物料放置到员工的增值区内，满足伸手可取、即取即用的要求，最大限度减少员工的走动、弯腰、寻找、拆包等动作浪费。

3）实体线边料架的设计与制作：基于设计原则，设计并制作线边料架，实现线边设计输出，满足 JIT 及减少浪费的需求。

1.2.4　超市设计

超市与线边类似，是确保内部物流顺畅运行所必要的库存，在某种程度上是线边的一种延伸。超市又区别于传统的仓库，具有自己的特点，如目视化、先进先出、可控的数量等。超市设计案例如图 1-9 所示。

图1-9　超市设计案例

超市设计的主要内容为超市物料的种类和数量、设计并建立实体货架，设计超市布局。

1）超市物料的种类和数量：超市物料分为常备物料和非常备物料，其放置数量、补充形式和信息传递形式都不同，需要对应设计，这也是超市设计的首要内容。

2）超市货架制作：基于超市原则和物料数量等信息，设计并制作超市货架，满足先进先出、控制数量和人机工程的要求。

3）超市布局设计：根据功能区需求、布局原则、选定区域特点，进行局部布局和整体布局设计，并进行模拟和改进。

1.2.5　水蜘蛛设计

水蜘蛛是内部物流的核心，与线边、超市等实体不同，水蜘蛛是一个工作岗位。水蜘蛛负责精益内部物流中所有物料和信息的传递，是离散型行业内部物流的典型配置。水蜘蛛的小批量、多频次、多品种的配送方式，是实现 JIT 的基本保证，也是 JIT 式物流的直接体现，水蜘蛛的典型形式如图 1-10 所示。

图 1-10　水蜘蛛的典型形式

水蜘蛛要将线边和超市连接起来，通过信息的传递，带动物料的流动，因此水蜘蛛设计的内容较多，包括水蜘蛛人员设计、配置设计和标准作业设计等。

1）水蜘蛛人员设计：需要设计水蜘蛛的人员数量、循环时间和工作内容。水蜘蛛是内部物流的灵魂，贯穿内部物流的始终，水蜘蛛人员应选择最优秀的员工来担当。

2）水蜘蛛配置设计：水蜘蛛的标准配置是小火车，需要设计其车厢和牵引，满足多品种、小批量、高频次的物流配送需求。人员设计和配置设计是水蜘蛛设计的重点。

3）标准作业设计：水蜘蛛设计的最终输出是标准作业，包括工作时间、路线、停止点和工作内容。水蜘蛛人员同其他员工一样，根据标准作业进行例行操作。

1.2.6　看板设计

看板是信息的载体，各种物料和生产信息通过看板进行传递。在精益内部物流中，看板有两种基本类型：取货看板和生产看板，两种看板实例如图 1-11 所示。两种看板有其各自的循环，各自发挥作用。需要说明的是，本书中看板特指实体的看板卡片，电子形式的看板在 7.6 节会涉及，但不是本书重点。

看板设计是指要设计与制作不同类型的看板，指导生产的同时形成物料需求，拉动上游工序生产，完成信息的完整传递。看板设计至少包括以下内容：

1）看板数量计算：在线边设计和超市设计的基础上，利用已知信息和数据，计算各种形式看板的数量，如取货看板、顺序看板、零件生产看板、装配生产看板等的数量。看板数量计算是看板设计的重点。

2）看板内容和形式确定：设计看板的内容和形式，如哪些信息需要体现在看板上，用什么形式制作看板等，以满足实际运行的需求。

图1-11 看板实例

3）防错设计：由于看板的形式、数量较多，运行范围广，需要对应设计防错对策。

1.2.7 信息流装置设计

在内部物流系统中，线边、超市是物流的实体装置，看板、物流箱、平衡箱、批量管理器、顺序器是信息流实体装置。在信息流实体中，看板是信息的载体，而信息流装置是看板的集结点，水蜘蛛通过看板和装置实现信息的流动。

信息流装置包括物流箱、平衡箱、批量管理器、顺序器等，信息流装置设计就是要设计这些装置的实体，信息流装置设计案例如图1-12所示。

图1-12 信息流装置设计案例

1）物流箱：控制日别生产计划的实体装置，进行每日的数量和种类均衡，是实现均衡化的第一步；物流箱中放置的是产品的装配生产看板。

2）平衡箱：控制水蜘蛛循环时间别的生产计划装置，进行小时别的数量和种类均衡，是更具体的均衡化，也是落地的均衡化，平衡箱中放置装配生产看板和对应的顺序看板。平衡箱是信息流装置设计的重点。

3）批量管理器：控制上游工序生产批量的装置，不到批量不生产，批量管理器中放置的是零件生产看板。批量管理器是信息流装置设计的难点。

4）顺序器：控制生产按照一定顺序生产的实体装置，先来先生产，后来后生产。顺序器一般在生产线初始处，根据产线的不同，放置不同的生产看板。

以上简单介绍了内部物流中的各个核心工具，这些工具是本书的重点内容，在后面的章节中，将详细展开讲解。

🔆 1.3　内部物流系统

内部物流的各个工具中，线边、超市、水蜘蛛是物流工具，看板、信息流装置是信息流工具，将物流工具和信息流工具整合在一起，则形成内部物流系统。各个工具单独应用时，都能发挥一定作用，但在系统性运行时，则能发挥更大的作用。

1.3.1　内部物流系统模型

如图 1-13 所示，内部物流系统模型包括信息流流程和物流流程。信息流流程从最初的客户订单一直到产线顺序器，通过看板和信息流装置完成；物流流程从原材料一直到成品完成交付客户。物流流程和信息流流程两者都需要通过水蜘蛛来完成，三者相互关联，形成完整的内部物流系统。

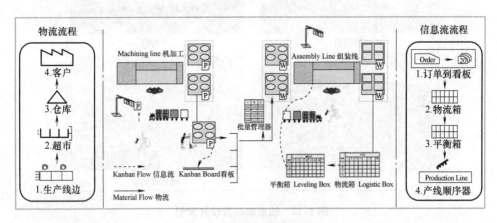

图 1-13　内部物流系统模型

在这个系统中，最初的客户订单被转换成生产看板，经过物流箱、平衡箱、顺序器等信息流装置，来指导产线进行生产；产线在消耗零件的同时，引起超市补充，在超市形成零件生产看板，又通过批量管理器和顺序器，拉动上游工序进行生产。

这是最简单的拉动生产形式，客户拉动上一级的生产。将这种形式在供应链上向上或向下延伸，同样可以利用。当整个供应链上都进行改善时，库存是最少的，是真正的按需生产，这个时候物料和信息才能真正地顺畅流动起来。

1.3.2 内部物流系统分解

本节将内部物流系统再分解，介绍精益内部物流系统中包括的功能与活动。

将物流工具打乱，从功能的角度重排，精益内部物流系统可分解为：3 个角色、1 条物流、4 种活动、2 种看板回路和 1 个异常反馈机制。下面对这些功能或活动进行具体讲解。

1. 3 个角色

内部物流中的 3 个角色是指客户、水蜘蛛和供应商（图 1-14）。

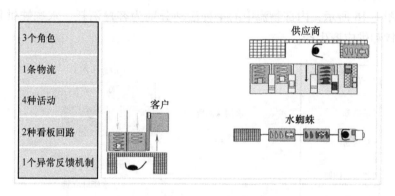

图 1-14　内部物流中的 3 个角色

1）客户：泛指下游工序。由客户需求开始，引起一系列拉动操作。客户角色涉及的物流工具有容器、线边、取货看板、顺序器等。

2）水蜘蛛：工厂内部物流转运人员，负责所有物料与信息的传递，包括原材料、在制品、成品等。水蜘蛛角色几乎涉及所有的物流和信息流工具。

3）供应商：泛指上游工序。根据客户需求进行生产，满足需求；供应商角色涉及的物流工具有超市、生产看板、批量管理器、顺序器等。

2. 1 条物流

如图 1-15 所示，内部物流中的 1 条物流是指物料从供应商处生产后，经过超市，由水蜘蛛取料，然后配送到客户线边，并进行生产的这条物流路线过程。

1）物流路线中，物料以容器/工装为单位进行运转。

2）水蜘蛛人员为核心运输人员，不断在物流路线中循环，将物料从超市配

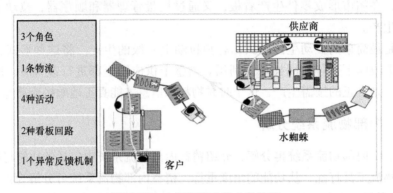

图1-15　内部物流中的1条物流

送到生产线边，返程将线边空容器带回超市。

　　3）与物流逆向的为信息流，信息流引起物流。

　　3. 4种活动

　　如图1-16所示，内部物流中的4种活动分别为客户消耗、水蜘蛛供货、水蜘蛛取货和供应商生产。

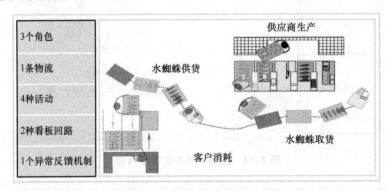

图1-16　内部物流中的4种活动

　　1）客户消耗：指下游客户根据顺序器中的生产看板，使用线边容器中的物料，用完后将空容器和取货看板返回空容器滑道。

　　2）水蜘蛛供货：水蜘蛛将从超市中领取的满容器零件和取货看板一起放入线边，同时，取走空容器和取货看板，作为取货依据。

　　3）水蜘蛛取货：根据取货看板到超市中补充物料，将原容器中的生产看板取出，放置到批量管理器或顺序器中，将取货看板放到容器内，一起放到小火车上。将空容器返回超市空容器区域。

　　4）供应商生产：上游供应商根据顺序器中的生产看板进行生产，完成后，将生产看板放入满容器，再补充到超市中。

4. 2种看板回路

如图1-17所示，内部物流中的2种看板回路代表两种类型看板的使用循环，分别是取货看板回路和生产看板回路。

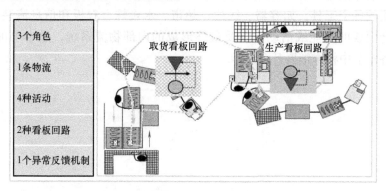

图1-17 内部物流中的2种看板回路

这2种看板回路发挥各自作用，并相互影响，在超市有交换过程，但不交叉，不会也不能混乱。

1）取货看板回路：是在线边和超市间循环的一种看板回路，其主要看板为取货看板。线边物料消耗后，产生空容器和取货看板，水蜘蛛根据取货看板到超市中领取物料，再配送到线边使用。

2）生产看板回路：是在超市和供应商生产线之间循环的一种看板回路，其主要看板为生产看板。水蜘蛛超市取料时，将其中原有生产看板取出，放到批量管理器中，当达到一定批量后，转移到供应商的顺序器中，生产员工根据顺序器中的看板信息进行生产，完成后，生产看板随容器一起再返回超市。

5. 1个异常反馈机制

如图1-18所示，内部物流中的1个异常反馈机制，是指在物流各环节，如线边、超市、路途等发生物料或信息相关问题后，能够快速识别、上报，并得

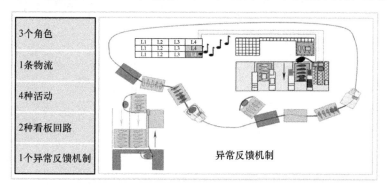

图1-18 内部物流中的1个异常反馈机制

到快速解决的一种快速响应机制。它包括安灯系统、异常响应计划、每日例会等内容。

本章整体性地介绍了全面流动管理、内部物流工具和内部物流系统。其中，内部物流的各个工具，如容器、线边、超市、水蜘蛛、看板和信息流装置，各工具组合而成的功能或活动，以及最终形成的内部物流系统，是本书的重点，在后续各章节中将详细展开介绍。

第 2 章

生产流动改善

生产流动是内部物流改善的基础，生产流中常用的一些数据，如循环时间、换型时间、平衡率、质量损失、可用性损失等，是内部物流设计的基础数据。因此在开始内部物流改善之前，应首先进行生产流动改善。本章将介绍对内部物流影响较大的三个生产流动改善工具，分别是布局与生产线设计、标准作业和快速换型。

💡 2.1 布局与生产线设计

布局与生产线设计指对生产线布局进行改善，通常是生产流动中最先开始的改善。一方面，当前生产线中很多浪费是由于不合理布局造成的，改变布局能直接减少很多浪费；另一方面，布局改善能引起其他的改善，如线边设计、标准作业等，牵一发而动全身；更重要的是，布局设计需要从宏观需求出发，分析各种整体数据，了解整体价值流情况，这也为后续其他工具改善提供了基础。

布局与产线设计的目标是：

1）消除浪费：消除员工操作过程中的各种浪费，根据标准作业，进行增值操作。

2）创建单件流：小批量、多品种是发展的趋势，进行布局与生产线设计要满足这种趋势需求，实现柔性生产。

进行布局与生产线设计有诸多原则，不同情况下，原则也不尽相同，以下介绍10条常规设计原则：

1）基于产品类型、数量及生命周期的设计。根据产品数量（Product Quantity，PQ）、工艺路径（Process Route，PR）分析，确定产品族，根据产品族的特点进行布局设计。对于型号少数量大的产品可采用自动化程度稍高的流水线，而对于型号多数量少的产品可采用手工生产线或工作站。

2）流程型布局与流程型管理。功能型布局有其优点，但很难满足多品种小批量的要求，应向流程型布局转变（图2-1）。流程型的布局对应流程型管理，价值流上的流程型管理更有利于问题的快速、有效解决。

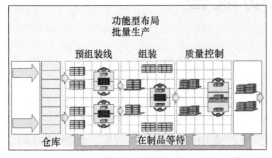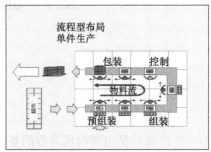

图 2-1　功能型布局向流程型布局转变

3）单件流设计。设计之初，即考虑单件流或小批量流。改善工装，平衡工位能力，优化工位衔接，在确保流动的情况下，保留最少的在制品。

4）设备与工作台距离紧凑。减少空间利用，减少走动浪费，减少中间在制品积压，利于一人多机，利于单件流实现；另外，使预装或支线接近主线，即装即用，减少在制品和搬运浪费，同时促进工序间的交流。

5）从右向左流动的单元线。将长的流水线，变成短的、U形的单元线，便于一人多机和柔性化。U形单元线通常从右向左流动，入口与出口在同一个区域，减少物流距离。

6）操作/流动过程无障碍。在员工附近，特别是后面，应该是安全无障碍的，减少物流工具通过和放置，确保100%安全。

7）物料由外围配送，即前端供料（第4章中有详述）。物料由外围配送到员工的增值区内（图2-2），员工伸手可取，即取即用，减少物料上的非增值时间。生产与物流分开，减少干扰，各负其责，各行其道。

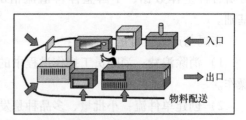

图 2-2　物料由外围配送

8）设备大小、规格合适。这一条适用于包括设备采购的生产线设计。新生产线应该有适合的速度，均衡生产，而通常大型高速设备在能力上优秀，但并不适合均衡生产的需求，很多时候，小型设备更适合精益的生产线。

9）单元线可由单人操作。这也是精益生产线的特征，能根据客户需求，实现柔性生产。对应要有不同需求时的标准作业，要开展多能工训练。

10）设备要便于移动/重置。布局确定后并不是一成不变的，根据需求可能还会发生变化，因此设备要便于移动和重置，快速响应。

在不同的企业中，要根据实际需求进行针对性设计。经过良好设计的生产线，能最大限度地减少浪费，减少过程中的损失时间，快速响应客户要求，缩短生产周期，同时也为内部物流改善做好了准备。

在实际的项目过程中，布局设计和物流设计通常会同步进行，布局设计在确定了基本形态后，即可开始设计相应的物流系统。物流应服务于生产，物流模式要适应生产模式。

2.2 标准作业

标准作业是生产流动中非常重要的模块，没有标准就没有改善。在进行标准作业改善前，首先问三个问题：有标准吗？标准合适吗？标准被执行了吗？没有标准就要建立标准、标准不合适就要改善标准、标准没有被执行就要执行并检查标准。因此，标准作业通常有四项内容：建立标准、执行标准、检查标准和改善标准（Standardize、Do、Check、Action，SDCA）。

对生产线进行标准作业改善可以遵循四个步骤。

1. 第一步：数据收集

收集每一个工位的循环时间（Cycle Time，CT），并分解成动作；区分增值操作和非增值操作，形成山积图（Yamazumi）；计算节拍时间（Takt Time，TT），绘制到山积图中（图2-3）。

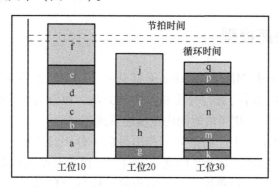

图2-3 山积图

2. 第二步：浪费消除

分析员工操作中的各种浪费，通过消除、合并、重整、简化（Eliminate、Combine、Rearrange、Simplify，ECRS）等各种方法将其消除、减少或者转移。

这一步不仅要消除瓶颈工位的浪费，也要消除其他工位的浪费。根据优先级和难易程度，通常将改善对策分成 ABCD 四类，A 类在一周内能解决，B 类在三周内能解决，C 类在两个月内能解决，D 类暂不实施。确定负责人和预计完成日期，并进行跟进。

3. 第三步：工位平衡

进行一段时间的改善后，重新测定循环时间并绘制新的山积图，对工位进行平衡。一方面是工位间的平衡，使各工位循环时间相等或类似。另一方面，是各工位循环时间与节拍时间的平衡，使循环时间接近节拍时间。进行工位平衡同样需要制订改善计划，并跟进实施。需要强调的是，第三步一定要在第二步的基础上进行，即在进行工位平衡之前，一定要先消除浪费，不要先平衡，而忽略了浪费的消除。

4. 第四步：稳定性建设

改善后进行标准化，执行标准并跟踪和改善标准。

1）编制工作分解表，利用工作教导（Job Instruction，JI）方式进行培训，确保员工能按照标准作业在规定时间内完成操作。

2）经过改善和平衡后，不断更新作业指导书。

3）开展各种目视化，将作业指导书、检查机制等张贴在合适的位置。

4）通过分层审核等不同形式，对标准作业的执行进行检查，并纠正改善。

标准化是完成某项操作最容易、最安全和最可靠的方法，是每个人都需要遵守的最好的操作方式，同时也需要不断改善。进行标准作业改善，有利于生产线的平衡，减少工序间物料积压，能避免异常的发生，减少停滞，使物料顺畅地在生产线内流动。

🔅 2.3　快速换型

快速换型（Single Minutes Exchange of Die，SMED）是新乡重夫提出的对更换产品系列时损失的时间进行分析和改善的方法，原意为在十分钟之内完成模具更换，现在引申为在更短的时间内更换模具或型号。

换型时间指从上一个产品系列生产出最后一件产品开始，到生产出下一个产品系列第一个合格的产品为止的这一段时间。快速换型就是要减少这段时间，以减少时间损失。从生产角度来说，减少换型时间可以增加设备能力，减少投资和生产成本。从物流角度来说，减少换型时间可提升换型能力，在相同的时间换更多次型，也就可以减少批量、降低库存、缩短生产周期、提升客户服务能力，如图 2-4 所示为快速换型的好处。

快速换型中，有两个重要概念：内部工作和外部工作。内部工作指的是只

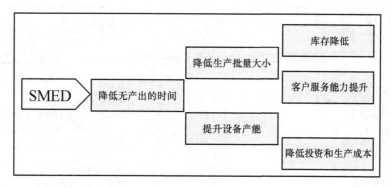

图2-4　快速换型的好处

有在设备停止时才能进行的工作，外部工作指设备不必停下也能进行的工作。两种工作对应的时间分别称为内部时间和外部时间，进行 SMED 活动，主要是针对这两个时间进行分析和改善。

实施 SMED 有五个典型步骤（图2-5），可以反复进行：

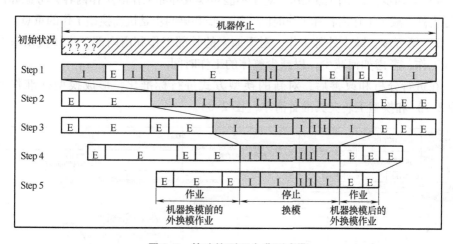

图2-5　快速换型五个典型步骤

1）第一步：了解现状。对换型的过程进行现场观察，收集基础数据，如了解作业时间、绘制意粉图、观察浪费并录制过程视频。图2-6为换型时间观测表。

2）第二步：区分内部工作与外部工作，将内部工作与外部工作分开。分析每一步动作，区分哪些是内部工作、哪些是外部工作，将两种工作分开。对于明显的非增值操作，制订行动计划，减少和消除浪费。

3）第三步：将内部工作转换为外部工作。通过各种方式，将原来需要停机进行的工作，转换成不需要停机也能进行的工作。

机器/设备：12吨 压床		改变从：B13-Q				日期：3-12-2019
流程名称：捆卷		改变到：A14-Z				观察者：Binbin
No.	作业描述	记录时间	作业时间	内部	外部	注释
23	推车H到压床的右侧	16′7″	22			外部化
24	卸下模具放上推车	16′35″	28			使用提升辅助装置?
25	清洁模具	17′33″	58			外部化-下一循环开始后做
26	移开材料包装	17′44″	11			外部化-在前一循环期间做
27	装入第一件	17′59″	15			装入需简化!
28	运行第一件	18′10″	11			
29	微调右侧高度	18′45″	35			需永久设置
30	降低模具	18′54″	9			如无微调即可消除
31	微调模具左侧高度	20′23″	89			需永久设置
32	降低模具	20′32″	9			如无微调即可消除
33	旋紧两侧螺丝	20′38″	6			快速夹具?
34	下一循环开始	20′40″	2			
	总计时间/s		295			

图 2-6　换型时间观测表

4）第四步：减少内部工作。对于不能转换成外部工作的工作内容，考虑如何进行改善，减少工作内容和工作时间。第三步和第四步是快速换型工作的重点。

5）第五步：减少外部工作。对于原来的外部工作和由内部工作转换出来的外部工作，考虑如何减少，以减少整体的工作时间。

在进行分析和改善后，对新的换型方式进行标准化，形成换型标准作业（图 2-7）和换型工装夹具准备清单（图 2-8）。

Mode1 No.and name 型号及名称	HCT-B5		Standard Work Combination Sheet 标准作业组合图	Date Prepared制表		Quota per shift 每班排工	
Work Sequence 作业系列	换模作业 (切换线)			Dept.部门		TAKT time 目标时间(min)	

Step No.	Operation Name	Time时间/min		
步骤	操作名称	Man.手动	Auto自动	Walk行走
1	切透确认	1		
2	清理碎片	1.5	8	
3	下棒	1.5		
4	处理碎片	1		
5	剪线网	4		
6	布线及线网检查	4	8	
7	刷导轮	2.5		
8	检查砂帘	1.5		
9	上棒检查	0		
10	上棒	1.5		
11	设零点	2	15	
12	点检	2.5		
1	取挡板送洗	2		
2	下棒	1.5		
3	硅片送洗	4		
4	清理切割机床	1		
5	取工件	3		
6	上棒	1.5		
7	安装工件	3		
1	换滑轮/线轮	2		
2	装卸废线轮	6		
3	刷导轮	2.5		
1	抽旧砂浆	7		
2	旧砂浆转移	7		
3	打新砂	6		

Operation exchange Model layout(切换团队标准作业示意图)

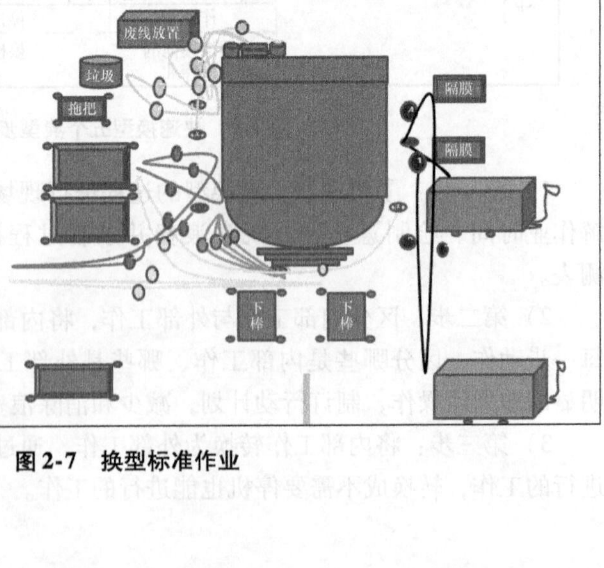

图 2-7　换型标准作业

步骤	项目	执行或检查	备注
1	工具车	1) 收回工具车和工具车目录清单	
		2) 检查工具车目录清单确保无物品丢失	
		3) 移动工具车到换产位置	留意车位标记
2	切割工具	1) 检查其是否锋利,是否有钝处	
		2) 检查长度,如有需要设定到正确的长度	
		3) 如有需要放入工具托架	
3	进件口	1) 检查所有零件可用	
		2) 预装进件口	
4	零件制图	1) 检查版本号是否正确	记录时间时检查计算机
		2) 如有需要计算零碎材料的尺寸	
5	设置文档	1) 检查特别指示	记录时间时检查计算机
		2) 检查头部角度和臂匹配	
		3) 检查位类型和数量	
		4) 检查检验要求,如有需要做好准备	
		5) 检查切削工具位置、型号、臂和头部	

图 2-8　换型工装夹具准备清单

快速换型这一工具相对独立和简单，根据优先级分析，可以多次进行，不断减少瓶颈和各工位换型时间，在减少损失时间的同时，为后续内部物流改善、降低库存做好准备。

第 3 章

内部物流设计基础

进行生产流动改善是内部物流改善的前提，只有在生产线本身已经较精益的情况下，进行内部物流改善才更有意义，在后续内部物流设计中也会多次验证这一点。另外，从物流角度，进行内部物流设计也需要一定的相关准备，为整体物流设计做基础。

在本章中，将介绍三个物流设计基础，分别是零件信息表（Plan for Every Part，PFEP）、容器和成套配送。这三者在后续的物流设计中会用到：①PFEP是基础数据库，提供物流工具设计所需要的各种数据；②容器是物料的载体，不管是线边、超市还是水蜘蛛、小火车，放置的都是各种容器或工装车；③成套是一种配送方式，将多种物料进行成套处理，在物料存储、配送和信息流中，都将起到积极的作用。

💡 3.1 零件信息表 PFEP

3.1.1 什么是 PFEP

PFEP，意为零件规划表，即为每个零件做规划，也称零件信息表。PFEP 是一个信息库，记录着与零件有关的所有信息或数据，是内部物流设计的基础数据源。任何人、任何时间需要零件相关的信息时，都可以从这样的数据库中找到，表 3-1 为 PFEP 零件信息表案例。

3.1.2 PFEP 的基本内容

PFEP 中应当包括所有与零件相关的信息，如零件号、零件尺寸、单台用量、消耗速度、使用位置、存放位置、订单频率、采购周期、包装容量、包装形式等。汇总整理后，通常分为以下六类内容：

表 3-1　PFEP 零件信息表案例

区域	序号	物料基本信息											数量信息						储存信息	配送信息		线边信息	
		料号	名称	类型	机型	供应商	分类	到货频次	包装容器	容器容量（个）	建议容量	单位	单台消耗	箱号	每箱数量	最大库存	最小库存	箱数	超市地址	产线名称	接收地址	线边箱数	存放量
装配一区	1	8850170159	OIL FILTER	10	37cc cs	RIXING	A	每周一次	箱	2500	500个一包	个	1	3	400	1600	400	4	10-1	37cc cs	10-1	2	800
	2	8850170160	GRID（filter）	10	37cc cs	YOULIAN	A	每月一次	箱	500	500个一包	个	1	2	500	2000	500	4	10-2	37cc cs	10-2	2	1000
	3	8850170059	PIPE	10	37cc cs	HOPEFUL	A	每周一次	箱	100	100个一包	个	1	4	300	1200	300	4	10-3	37cc cs	10-3	2	600
装配三区	6	00490 0061	RING ANELLO	20	37cc cs	EMAK SPA	B	两月一次	箱	2500	500个一包	个	2	2	500	2000	500	4	10-5	37cc cs	10-5	2	1000
	7	88094 00006	BEARING	20	37cc cs	HUATONG TAI	A	每月一次	箱	600	100个一包	个	2	3	100	400	100	4	10-6	37cc cs	10-6	2	200
	8	88003 30015	PISTON RING	20	37cc cs	HUNAN ZHENGYU	A	每月一次	箱	4000	300个一包	个	2	3	300	1200	300	4	10-7	37cc cs	10-7	2	600
	9	88004 00015	PISTON RING	20	37cc cs	HUNAN ZHENGYU	B	每月一次	箱	4000	300个一包	个	2	3	300	1200	300	4	10-7	37cc cs	10-7	2	600

1）基本信息类：名称、型号、数量、重量、单台用量、种类等。

2）供应商信息类：供应商名称、城市、供应及时率、合格率、送货频次、信用等级等。

3）包装信息类：包装方式，最小包装数量，包装长、宽、高，防护要求等。

4）存储信息类：超市地址、超市容器数量、仓库地址、最大/最小数量、溢出区等。

5）配送信息类：配送形式、接收区域、路线、单次配送量、再包装区域等。

6）线边信息类：线边地址、线边容器数量、线边层数、最大/最小数量等。

3.1.3　PFEP 的作用

PFEP 是任何物流改善的基础，因此在开展精益物流改善之初，就应该建立 PFEP 并不断更新，其他工作才可以在这个基础上启动。

1）用于容器设计：从小容器、合适数量、合适总量、可重复利用、防护、裸件上线等方面对每一个零件进行容器的设计。容器设计中会用到的数据有：主要型号数量、重量、外形尺寸、小时需求、当前包装形式、最小包装容量、供应商等级等。

2）用于线边设计：根据不同线边形式，计算容器数量，再根据容器尺寸、区域大小设计线边料架的高度、层数和层高等。线边设计中会用到的信息有：配送时间、容器容量、消耗速度、容器尺寸、满容器重量、主要型号数量、使用位置等。

3）用于超市设计：根据上游工序的循环时间、换型时间、水蜘蛛时间等计算超市的大小，确定超市区域。根据零件的重量、消耗量等设置零部件区域。超市设计中会用到的信息有：容器容量、补充时间、补充批量、配送时间、容器尺寸、满容器重量、供应商信息等。

4）用于配送设计：结合线边进行配送设计，确定每次配送的容器数量、配送次数、时间、路线等。扩大到外部物流时，根据供应商的情况进行循环取货的设计。配送设计会用到之前的容器、线边和超市设计中的大部分数据。

3.1.4　实施 PFEP 的要点

基于数据的重要性，在建立和使用 PFEP 时，要注意以下事项：

1）第一次就要做好：PFEP 的建立需要大量的数据收集，并且要正确和准确，比较费时间和精力，但这是基础数据源，第一次就要做好，才能确保后续使用时，利用的信息是准确的，得出的结论也才能正确。

2）最小数据单元：PFEP 中的信息要用最小单元的数据，Excel 中每一格为一个信息，如包装的长、宽、高要分成三个信息来填写；如供应商的位置，应逐步细化，按国家、省、市、县、镇分别来填写。这样在使用时可直接用公式代入，减少工作量。

3）专人管理：PFEP 是一个总的数据源，使用起来很方便，但非常重要的是，PFEP 需要不断更新，零件的任何一个信息发生变化后，就需要对其进行更新。因此最好有专人进行管理，避免混乱和更新不及时等问题。

4）不断更新：PFEP 是一个不断更新的内容，根据现有的内容进行设计和改善，改善后再对 PFEP 进行更新，是一个不断完善的过程。

💡 3.2　容器设计

通常除体积较大、重量较大的物料外，线边和超市中的物料，以及水蜘蛛转运的物料都是放在容器中的，以容器为最小单位进行存储和转运，因此容器设计是内部物流设计的基础之一。这种容器可以是不同型号或颜色的盒子或专用容器，也可能是各种形式的工装车等。容器设计是指根据零部件的大小、形状、重量、消耗速度、配送频次等特性，为每一个零件设计容器。

3.2.1　容器设计的原则

容器设计要遵守一定的原则，如标准化可重复使用、裸件上线、小容器、带轮、成套设计等，对于特殊零件有特殊设计原则。基于精益原则设计的容器在内部物流系统中运行，可以更符合人机工学、减少浪费、降低成本。

1. 标准化可重复使用原则

建议使用如图 3-1 所示的可重复使用的标准塑料容器，减少纸质包装物的使用。可重复使用的容器最好是标准规格和颜色，便于采购和补充。需要注意的是，即使是标准化的容器，其型号也应尽可能要少，增加通用性，同时避免管理混乱。

若供应商尚未使用标准容器，仍为其他包装形式，在工厂内就需要进行倒包装，这样就会产生浪费，因此在有些时候也允许原包装上线，需要根据实际情况判断。容器设计和改善的过程中往往需要供应商的参与，共同改善。

2. 裸件上线原则

裸件上线是指员工拿取物料时，可直接从容器中取出并使用，不需要拆包装、分选、判断等动作（图 3-2）。其目的是减少生产员工的拆包装作业浪费，减少拆包造成的生产线小停顿，以及由此在线边产生的包装垃圾。同时将拆包工作向上游工序移动，间接推动上游工序或供应商的容器改善。

600×400(mm)　　400×300(mm)　300×200(mm)

图 3-1　可重复使用标准塑料容器

这一原则可延伸到单件供料，即每次只供应到员工手边一件所需要的物料，避免选择、判断、甚至微调零件方向等动作浪费，在 4.6 节线边设计的低成本自动化中，详细介绍了单件供料方式。

图 3-2　裸件上线案例

3. 小容器原则

在设计容器时，要设计小的、轻的、可前端供料的小型化容器。避免使用重的、需要叉车运输的大容器。从员工使用和物流两个角度分析：

1）从员工使用角度：线边大容器（图 3-3）占用的线边空间大，同时员工在使用时，必然会产生走动、转身、弯腰等动作浪费；而小容器（图 3-4）可直接放在员工增值区内，避免或减少操作过程中的动作浪费，同时也减少线边空间的占用。

图 3-3　线边大容器　　　　　　**图 3-4　线边小容器**

2）从物流角度：防护上，小容器的零件质量防护会更好些；运输上，大容器需要叉车等专用物流设备（图3-5），装载率低且不安全；小容器可通过水蜘蛛手工搬运（图3-6）和周转车运输，实现小批量、多频次的JIT物料配送需求。

图3-5　大容器需要叉车运输　　　　图3-6　小容器可人工搬运

对精益内部物流而言，若没有小容器设计，后续的线边、超市和水蜘蛛配送就很难实现，因此可以说小容器是水蜘蛛JIT配送形式的前提条件，也是精益内部物流的前提条件。

4. 带轮原则

一般对于C类件设计成小型标准容器的形式，对于B类件，若也设计成标准容器，则在容器数量和重量上可能超出要求。一种情况，可将多个同种零件容器放置在工装车上，另一种情况，直接将B类件设计成带轮工装车形式，不是人工搬运，而是推动或者牵引，如图3-7所示为两种B类件工装车案例。

图3-7　两种B类件工装车案例

在实际容器设计过程中，工装车的设计较标准容器的设计要更复杂一些，因为容器相对是标准化的，而工装车需要根据零件特点进行针对性的定制化设计。设计工装车时，要注意以下四点：

1）整体重量：工装车加物料整体重量控制在500kg以内，以便推动和周转。

2）结构强度与灵活性：对应重量、路面情况，考虑结构强度和脚轮选择。

3）层数和层高：基于物料特点设计，要符合人机工程学，避免弯腰、磕碰等。

4）现有工装改造：考虑在现有的工装上进行改进，以减少成本。

5. 成套设计原则

成套是将两种或者两种以上的物料以成套的形式放在一个容器中，作为一种物料进行配送的方式。图3-8为两种典型的成套设计案例，一种是标准容器形式，一种是工装车形式。

图3-8　成套设计案例

成套形式可以一个产品完全成套，也可以局部成套，如某工序或工序某些物料成套。它是精益物流中常见的一种存储和配送形式，在第3.3节成套设计中有详细说明。

6. 特殊零件特殊设计原则

标准容器具有通用性，便于使用、管理和维护，对于特殊零件，要根据零部件特点进行特殊设计：考虑零件质量需求、考虑使用者的人机工程学、考虑运输的便利性等。

对于大、重、异形的零件，需设计专用的工装车，如图3-9所示的三个特殊零件专用工装车实际案例。特殊零件专用工装车要结合其他工装车设计尺寸，尽量使各种类型工装车在长度和宽度上相同，为后续水蜘蛛运行做好准备。

对于有防护需求的零件，设计专用的防护措施，如隔衬、防护模板、胶皮等，确保零件在运输过程中的安全，避免磕碰等问题的发生。零件防护案例如图3-10所示。

3.2.2　容器的使用范围

基于客户（使用者）设计出的容器，最终的使用点是装配线的线边使用点。逆流而上，配送容器到线边的水蜘蛛、暂存物料的超市、配送物料到客户处的循环配送、供应商成品库及至供应商生产线末端，都应使用同样的容器，以减

图 3-9　特殊零件专用工装车案例

图 3-10　零件防护案例

少重复包装的浪费。供应链上的容器使用循环图如图 3-11 所示。

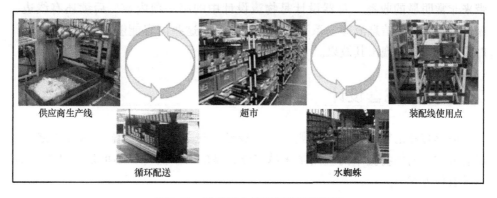

图 3-11　供应链上的容器使用循环图

　　理论上，在整个供应链上使用相同的容器是最佳选择。但在实际过程中，由于使用流程长、使用单位多，会面临容器的投入、管理和补充等问题，若不能进行很好的管理，很难长期运行，并且维护成本会越来越高，当超过原有形式成本后，很可能会退回到之前的方式。

一种可行的方式是第三方物流形式，由第三方物流进行容器的全过程管理，包括投入、维护、跟踪，这种方式已有许多运用，特别是整车厂大多在用这种方式。随着信息化的发展，由第三方物流进行容器的管理功能也在扩大，全价值流容器应用可行性增加。图 3-12 所示为第三方物流容器电子管理系统图。

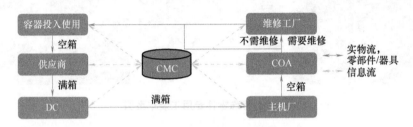

图 3-12　第三方物流容器电子管理系统

3.2.3　临时包装区

在整个供应链中使用同样的容器是物流的目标之一，但是在实际的操作中，当涉及供应商时，短时间可能难以实现。因此，可建立临时的再包装区，在工厂内部从超市到水蜘蛛到线边这一段先用统一的容器，再逐步向供应商处发展。

在物流改善项目中，容器设计需要一定的费用，如废弃当前大容器，采购新容器、特殊容器定制、临时包装区域人员等，但同时，容器设计似乎并没有带来非常明显的收益。容器设计是物流设计中的第一项内容，后续还有线边、超市、水蜘蛛、信息流等一系列关联性内容，当这些内容能够协调顺畅地运行时，物流才会显现出其效果。

💡 3.3　成套设计

成套容器是容器设计的原则之一，成套配送是线边物料配送的方式之一。成套方式在内部物流中的应用越来越广泛，是应对多品种、小批量产品生产的一种有效方式。

3.3.1　成套设计的内容

成套设计的内容包括成套工装设计、成套区域设计、成套配备设计、成套预警设计，以及成套标准和目视化等内容。

1. 成套工装

如图 3-13 所示，将需要成套的零件放在一个工装中，称为成套工装。成套工装设计可以参考容器设计的一些原则。成套工装设计是成套设计的重点内容，在 3.3.4 成套设计步骤中有详述。

2. 成套区域

将需要成套的零件放在一个区域内，便于成套配备。通常这一区域在超市内部，如图 3-14 所示的成套区域案例。成套区域设计即设计这个区域的大小和布置方式。

图3-13　成套工装

图3-14　成套区域案例

3. 成套配备

建立成套区域和工装后，设计成套的人员需求和操作流程，进行物料成套配备（图 3-15）。在成套物料较少时，可由水蜘蛛承担，当成套配备工作量较大或者水蜘蛛工作负荷已满时，需要其他人员完成配备工作。

4. 成套预警

在成套区域对成套物料进行控制，不成套时，进行预警管理，确保及时成套，成套预警案例如图 3-16 所示。成套预警通常与平衡箱结合，物料不齐时，不能安排生产，同时追溯原因，减少复发。成套预警是成套配送延伸出来的重要功能，对于减少上线缺料具有积极作用。

图3-15　物料成套配备

图3-16　成套预警案例

5. 成套标准

同其他操作标准一样，在设计完成后，要建立成套配盘标准和成套人员操作标准，进行标准化作业并不断优化。成套配盘标准案例如图3-17所示。

50KF B类小件配盘表单				
产品型号	产线	工位	线边	台套数量
50KF	底盘A线	12工位	11月2日	2台套

	序号	物料名称	物料号	物料规格	配盘数量
上层	1	贮气筒支架	135801718	XZ60E.67.1紧固带(采购件)	4
	2	紧固带	135231218	XZ60E.67.1紧固带(采购件)	4
	3	斜撑	135445091	XZ60E.31-3A斜撑	4
			13585151	XZ60E.31-3A斜撑	8

图3-17　成套配盘标准案例

6. 目视化

对成套工装、成套区域、成套预警、成套标准等各方面进行目视化设计和管理，成套目视化设计案例如图3-18所示。

3.3.2　成套的优点与不足

1. 成套的优点

1）首先是成套，其将某一工位或多个工位所需的物料（全部或部分）以成套的形式放在一个容器中，产品完成后，物料也全部用完，不多也不少，能避免漏装、错装等失误、质量内置。

图3-18　成套目视化设计案例

2）由于将多种物料放在一个容器中，减少使用员工的寻找、选择等浪费，更便于使用，也便于不同人员的快速盘点，能避免漏配、漏送。

3）成套物料在线边通常为顺序形式，线边物料的数量较少、占用的空间较少。

4）成套配送迫使进行单件流操作，能减少批量操作的可行性，有利于标准作业的实施。

5）将一套零件作为一个零件，可减少看板数量，相应减少信息传递的工作量和复杂度。

6）减少新员工的物料寻找、判断动作，老员工进行物料的正确准备，能减少物料错误。

2. 成套的不足

1）需要设置配套区和配盘人员，在配套区将不同零件按配盘清单进行配盘工作。

2）零件质量要求 100% 合格，任一零件不合格都将导致装配工作暂停。

3）需要对应快速响应机制，物料发生问题时能快速响应；另一方面，这也能促成问题的快速和根本解决。

3.3.3 成套的适应条件

前文分析了成套的优点和不足，改善中要根据实际情况分析确定，充分利用其优点，克服不足。通常，以下情形可以考虑成套方式。

1）工位使用零件较多，存在用混、用错、多用或漏用等可能时。

2）产线换型频繁，不同型号需要物料不同时，如通用件少、专用件多。

3）产线线边空间不足，存在取料动作浪费时。

4）多品种小批量产品或定制化产品，产品间部件型号、数量等有差异时。

5）人员流动较大，新员工认识物料时间较长或容易出错时。

3.3.4 成套设计步骤

进行成套设计，可参考以下七个步骤进行：

（1）确定成套零件

结合成套优缺点和适应条件，根据 PFEP 和操作实际，确定哪些零件可以用成套形式。

从某一工位入手，根据零件特点和数据，了解零件在产品中的作用、零件当前的线边使用方式、配送方式和超市的取料方式，判断哪些零件适合成套。这一步要注意以下三点：

1）如图 3-19 所示，要到现场实际观察和判断零件特点和当前线边使用特点。

2）成套零件通常为 B 类件，在某些情况下也可以是 C 类件或两者皆有。

3）一个极端是完全不成套，每个零件都单独配送，一个极端是完全成套，整个产品或整条线零件全部成套，通常从一个工位的部分零件开始，逐步扩展分析，研究可行性。

图 3-19　现场观察与判断

（2）成套工装设计

将成套配送零件实物收集在一起，设计成套工装。根据零部件特性、数量、种类等不同，成套工装可以是容器，也可以是工装车，成套工装设计案例如图 3-20 所示。设计工装时要考虑工装标准化、人机工程学、相似零件的区分、零件质量防护、零件的预组装、零件使用顺序等。成套工装设计要注意以下八点：

图 3-20　成套工装设计案例

1）工装标准化：减少容器或工装车的型号，使之最少，这也是容器设计的原则。若是容器，尽可能在标准容器上进行改进；若是工装车，尽量确保其外形尺寸与其他工装车在长度和宽度上一致，层数和高度可以有变化。

2）人机工程学：要考虑员工拿取时方便，如将螺栓立着放；考虑使用时方便，如不用转方向；利用阴影板等形式，便于各方盘点确认。

3）相似零件的区分：对于相似的零件需用隔板等间隔进行明显的区分，不能放在一起；对于有明显区别的零件，在便于拿取的情况下，可以放在一起。

4）零件质量防护：对于有质量防护要求的零件，要根据其特点，在容器中进行防护设计（图 3-21），避免在配盘、运输中产生质量问题。

5）零件的预装：对于成套工装中的零件，如果在使用时还需进行组合，可在配盘时就进行零件预装（图 3-22），以减少主线的循环时间。

图 3-21 零件防护设计

图 3-22 零件预装

6）零件的使用顺序：根据使用顺序布置工装内零件的布局，如从左向右、由上至下等，以减少员工思考反应时间。但要注意工装重量的平衡，确保安全。

7）成套数量：结合消耗速度和配送频次，确定成套工装中放置的零件的套数，通常基于 JIT 原则，套数以少为宜。

8）预装平台：需要时，在工装车上设计预装平台，便于预装操作。可预留平面，也可采用折叠、内嵌等方式。图 3-23 所示的案例为预留平面式预装平台案例，在工装车的最上面一层预留固定空间；图 3-24 所示案例为内嵌式预装平台案例，预装平台可伸出与收回。

图 3-23 预留平面式预装平台案例

图 3-24 内嵌式预装平台案例

（3）制作或购买成套工装

根据成套工装的设计方案，利用月光工程的原则，制作所需工装（图 3-25）并试用、改进。内部无法制作时，如强度要求或特殊形状，选择外部购买。

在制作成套工装时，应注意以下事项：

1）月光工程原则：利用现有的、廉价的材料，快速搭建、快速尝试、快速改进。

2）现有工装的改进：考虑成本和减少浪费，考虑如何改进现有工装，减少新购和废弃。

图 3-25　成套工装制作

3）结合线边和水蜘蛛设计：成套物料仍需水蜘蛛配送，成套工装的设计要结合线边和水蜘蛛需求，如工装车的外形尺寸、牵引及牵引方式等。

（4）标准化并目视化

对应成套工装，编制配盘表和成套标准作业；目视化各种标准，便于相关人员操作。配盘表基本信息有以下三类：

1）成套物料基本信息：成套物料名称、所属产线、工位、线边地址、成套数量等。

2）配盘照片：配好的容器照片，更直观和便于对照。

3）物料明细：包括名称、型号、数量等；物料明细顺序对应照片中的物料编号或使用顺序，三者对应。容器上的成套标准目视化案例如图 3-26 所示，工装车上的成套标准目视化案例如图 3-27 所示。

图 3-26　容器成套标准目视化案例　　　图 3-27　工装车成套标准目视化案例

（5）建立成套区及成套预警机制

超市中的成套物料，最好放在一起，便于成套识别和成套操作。

图 3-28 和图 3-29 为成套区域案例，在成套区域附近，建立目视化的成套预警机制，并结合平衡箱（8.2 节有讲解），根据齐套情况进行生产计划安排，不齐套不安排生产。成套预警案例如图 3-30 所示。

图 3-28　成套区域案例 1

图 3-29　成套区域案例 2

在这一步，要注意以下事项：

1）安排有经验员工配料：由经验丰富的员工进行成套操作，经验相对缺乏的员工进行配送，以减少错误的发生。

2）按顺序布置：成套区域内，最好按工装顺序进行位置布置并目视化，便于配盘。

3）目视化预警机制：用目视化的方式进行成套预警，结合实际，及时判断成套情况，并采取对策，而不是依赖系统数据。

图 3-30　成套预警案例

4）供应商成套：考虑由供应商进行成套或部分成套。有些供应商供应多种物料，若这些物料中，有成套物料，则可将成套作业前移，由供应商进行局部成套；也可进行全部成套，将其不供应的成套物料采购后，直接发给供应商，有其进行完全成套。

（6）优化物料异常响应机制

成套配送物料都是按需配送，一旦物料出现问题，将会很快影响生产，因此，要建立或完善针对物料的异常响应机制，快速解决物料问题。

1）成套预警：成套预警也是物料异常响应体系中的一部分，可促进物料成套。

2）安灯系统：利用现有的安灯系统，尽量不要单独建立物流的异常响应机制。图 3-31 所示为安灯系统的一种问题反馈形式。

3）异常响应计划：如图 3-32 所示的案例，根据历史数据，建立物料方面的快速响应计划，在发生问题时，根据响应计划，快速响应并解决问题。物流方面的安灯系统和快速响应计划在 10.3 节内部物流的异常响应

图 3-31　安灯系统反馈形式

机制中有详述。

序号	问题描述	快速反应-物料方面								
		问题发现		影响哪方面	数量上限	反应				
		问题发生在哪	发现方式			职位	需要做什么	时间/min	联系谁	联系方式
1	缺少锥形套	仓库	备料	生产		仓管员	断料通知主管	0	物料主管	电话
						物料主管	查询断料原因和到货时间	30	生产计划	电话
						生产计划	换型	30	生产领班	电话
2	缺少静电铜丝	仓库	备料	计划		仓管员	断料通知主管	0	物料主管	电话
						物料主管	查询断料原因和到货时间	30	生产计划	电话
						生产计划	调整后续计划	30		
3	缺少电机	报关	报关中	交期		关务	通知物料延期	0	物料主管	电话
						物料主管	通知物料延期	5	生产计划	电话
						生产计划	开延期报告	10	客服	纸质报告
						客服	通知客户延期	5		

图3-32 物料方面异常响应计划案例

4）持续改善：暴露问题、解决问题，每一次错误，不论是缺料、质量问题、不齐套还是不及时，这些都是改进的机遇。

（7）在物流系统中应用并不断改善

结合线边设计与水蜘蛛设计，进行成套配送操作，不断改进。成套配送是内部物流中的一部分，要在整个物流配送中配合使用，不断完善。

1）系统改善：不仅要从线边暴露问题、解决问题，还要在整个流程中，如物料计划、过程跟进、成套预警、区域设计、水蜘蛛配送、生产计划、成套工装、成套数量种类，甚至供应商等方面不断改善，减少错误的发生。

2）信息流：建立标准、执行标准；引入平衡箱概念，控制日生产计划。

3）成套模式扩展：成套模式可以应用在很多方面，要不断探索使用。

物料的成套与否会影响到内部物流设计的各个方面，如线边空间、水蜘蛛工作量、超市布局、看板的形式和数量等，因此也是内部物流设计的基础工作。在容器设计时，就要开始考虑物料的成套性，为后续各工具的设计做好准备。在下文各工具的设计中，还会多次提及成套概念，分析其对各工具的影响。

第4章

线 边 设 计

在上一章中学习了容器设计，放在容器中的物料最终会被送到生产线，由员工拿取进行操作，进入增值流程（物流的所有运输过程都不会增值，生产员工进行操作后才会增值）。放置在生产员工附近，供员工使用的物料称为线边物料。与线边物料对应的容器数量、区域布局、料架方式、补充方式等的设计，统称为线边设计。

线边设计很重要，体现了精益内部物流设计的价值（物流设计的价值还体现在超市和水蜘蛛上，在第5章超市设计、第6章水蜘蛛设计中有详述）。在精益内部物流中，容器、线边、超市、水蜘蛛等是物流实体工具，是看得见摸得着的，它们的数量、形式、流转速度等是物流设计的结果。对于线边，良好的线边容器设计和使用点（Point of Use，POU）设计，要能直接减少操作员工的动作浪费并更符合人机工程；线边数量设计、补充方式设计能体现物流的运转效率，也能侧面反映物料质量水平；线边物料快速响应机制则能反映物料的管理能力和水平等。

本章请读者学习线边的定义、目标、设计原则，认识线边的两种主要补充形式及计算方式，了解线边设计步骤，学习用精益管来制作线边，以及低成本自动化在线边的运用。

💡 4.1 线边设计概述

4.1.1 线边的定义与设计内容

线边（Border of Line，BOL），初学者经常从字面理解为生产线旁边放置的物料，然而其本意为生产线与物流的边界，物流人员将生产线所需物料配送到线边，生产线操作人员从线边拿取物料进行操作，即线边是操作人员与物流人员的衔接机构或装置，线边形式示例如图 4-1 所示，图中 A、B、C、D 是料架的编号。

线边设计是指对生产线的各个工位的线边进行设计，包括容器设计、补充方式设计、容器数量设计、线边料架设计、线边布局设计、目视化设计等。

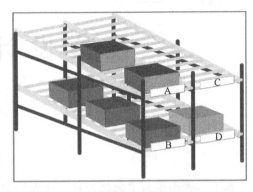

图 4-1　线边形式示例

1）容器设计内容在 3.2 节，物料应以容器为最小单位在线边布置。虽然已经设计了容器形式，但在线边设计时，要结合线边要求对容器进行适当修正，以满足线边要求。

2）补充方式设计是指线边物料以何种形式进行补充，通常有拉动补充和顺序补充两种形式，需要根据物料特点、线边特点等进行设计。补充方式对线边布局、水蜘蛛配送方式、看板形式都有直接影响。

3）容器数量设计是指要计算放在线边的物料容器的数量，这是线边设计的重要内容和核心指标，能直接体现内部物流水平。容器数量设计的基本要求是在满足正常生产的情况下，线边物料数量最少，这一指标与水蜘蛛循环时间、容器容量、物料消耗速度等有直接关系。

4）线边料架设计是指要设计放置容器的货架尺寸（长、宽、高、层数、层高、倾斜角度等），并使用精益管等形式制作出来，从而实现减少动作浪费、降低操作循环时间的目的。

5）线边布局设计是指线边物料容器、工装车的空间和位置布局规划，使之更有利于减少员工的动作浪费。如供料位置的选择，前端供料或后端供料，也包括线边料架容器或工装车的放置顺序等。

6）目视化设计是指在线边设计完成后，为让物料配送人员和操作人员能够更便捷、高效地工作，同时也为防止物料配送和取用错误的发生而进行的一系列目视化标准设计，让现场管理更容易、更便捷。

4.1.2　线边的增值区域

操作人员的增值（最小动作浪费）区域（Value Added Area，VAA）一般为：身体中心前方 60cm、左右手之间 70cm 之内（图 4-2）。因此最好采用前端供料的方式，物料摆放在操作员工的前方，伸手可及的范围内。有时因数量和产品体积、重量等原因，不能进行前端供料时，可以采用后端供料。

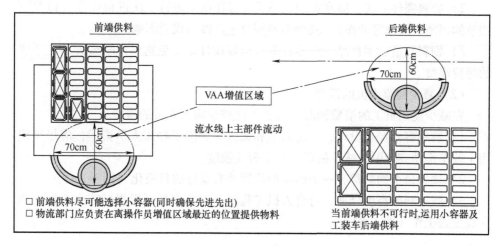

图4-2 线边的增值区域

将物料配送到增值范围内，是线边设计的目标之一，即应根据生产线及零件特点，尽可能地将物料配送到增值范围内，减少伸臂、转身、弯腰等动作浪费。将这一概念延伸，即为线边设计的 POU 原则，在4.2 节线边设计原则中有详述。

4.1.3 线边设计的目标

线边设计的目标有四个。

（1）减少生产操作员工的浪费，特别是动作和等待的浪费

从客户的角度出发，生产线操作员工是线边的客户，因此首先要考虑减少操作员工的浪费。

1）物料在员工增值区范围之内伸手可及（图4-3），避免弯腰、转身、大幅度使用手臂等动作浪费（图4-4）。即使后端供料，也要考虑尽可能减少这些动作浪费。

图4-3 增值区内较少浪费

图4-4 弯腰转身动作浪费

2）物料裸件上线，即拿即用，不需要操作员工进行二次拆包作业（以及更细节的判断、选择等动作），减少小停顿对生产线造成的影响。

3）物料数量、不良品、空容器等有很好设计，避免物料短缺或者不良造成的等待浪费。

（2）减少物流人员的浪费

在减少使用员工的浪费同时，也要关注减少物流人员的浪费。

1）物料容器经过设计，不能太重和太大，为便于物流人员搬运，应尽量使用工装车推动或牵引，减少搬动、减小劳动强度。

2）线边每个物料都有一个固定的位置并有良好的目视化（图4-5）。

3）线边料架高度合适，符合人机工程学，物流人员可根据标准作业轻松地完成配送工作（图4-6）。

图4-5　良好的线边目视化　　　　图4-6　合适的线边料架高度

（3）最少的线边库存量

线边只保留必要的库存，其他库存向上游转移。最少的库存量是线边设计的重要目标，是线边设计的直接体现。

1）通过线边设计（及后续的水蜘蛛设计），在保证物料供应的前提下，尽量减少线边物料的种类和数量，减少空间和资金占用。

2）较少的线边库存，也更有利于将物料配送到增值线范围，以及减少员工走动、寻找、搬运等动作浪费，减少错用、混用等质量风险。

3）线边料架本身也能控制线边物料数量，如图4-7所示，线边料架放满后就不能再放了，控制最大量，这也是线边料架设计的附属功能。

4）线边库存并不是消除或减少，而是将库存进行转移，转移到超市和供应商处，倒逼本身及上游工序改善，减少库存浪费，实现JIT式物流配送。

（4）各行其道，各负其责

生产负责使用，物流负责配送，如图4-8和图4-9所示，物料由外围配送，生产在另一侧使用，相互不冲突。物料由外围配送也是生产线设计的原则之一（见2.1节布局与生产线设计）。

图 4-7 通过线边料架控制物料数量

图 4-8 物料由外围配送

图 4-9 物流与生产不冲突

1）生产人员和物流人员工作区域不交叉，不会相互影响，减少安全隐患。

2）生产人员根据其标准作业，拿取零件进行装配作业，物流人员同样根据其标准作业，进行物料的配送，相互间工作不重合，促进各自标准作业的实施。

🔆 4.2 线边设计原则

进行线边设计要遵循一定的原则，基本出发点是减少人员浪费和减少库存浪费，具体来说包括以下六个原则：

（1）小容器与工装车原则

这也是容器设计的原则，将容器小型化与带轮化。

1）线边的容器要小，以避免弯腰、转身等动作浪费，减少叉车的使用，减少线边库存。

2）易于员工使用和物流人员的小批量、多频次补充，满足快速换型需求。

3）工装车的使用，可减小劳动强度，减少叉车的使用。

（2）裸件上线原则

裸件也是容器设计的原则，但有时会考虑配送过程防护等问题不能完全裸件，因此在配送到线边时，还要考虑如何裸件，使员工拿取即可使用。

1）尽量使用可重复使用的塑料容器，而非纸箱，即使是纸箱，也要将上盖打开。

2）减少生产线员工对物料进行二次操作，可直接拿取零件使用。

3）如果必须由员工拆包装，如时间限制、质量要求等，也要由水蜘蛛将各种包装物等及时带走，不长时间留在线边。

（3）配送到使用点原则

这是线边设计的重要原则，物流人员将物料直接配送到线边员工伸手可及处，不需要员工走动到其他地方拿取，这是增值区概念的体现，也是线边设计的第一个目标减少使用员工动作浪费的体现。

1）与线边物料数量和布局有关：线边容器/工装车数量少，能直接放在增值区内；线边容器或工装按使用顺序布局方式、阶梯式布局等都有利于减少走动，伸手可取，即取即用。

2）不仅是一次的伸手可取，而是每一次都可以，要考虑如何实现。流利式滑道是常见形式，依靠重力和滚轮自动实现，如图 4-10 所示案例；也可用一些辅助动力装置来实现，如图 4-11 所示案例，配备小型升降电机，随着物料消耗逐步上升高度；图 4-12 所示案例为液压升降形式，根据需求手动加减压力，进行高度调节。

图 4-10　流利式滑道形式

图 4-11　动力装置形式

（4）线边物料数量最少原则

这也是线边设计的重要原则。在保证生产线不缺件的情况下，线边物料的数量最少。对应水蜘蛛循环时间，通常线边最大库存量为 1 ~ 2 个小时，随着消耗和水蜘蛛循环数量会降低，然后再补充，往复循环。

1）这就要求水蜘蛛的小批量、多频次的规律性运输相配合，水蜘蛛循环时间是影响线边

图 4-12　液压升降形式

物料数量的重要因素，也说明内部物流各工具间的相互关联和影响。

2）补充形式、物料价值、补充频次、成套形式都会对线边数量产生影响，在 6.3 节线边补充形式及计算中会详细说明。

3）顺序配送、成套配送等典型配送形式，及定量不定时、定时不定量等非典型配送形式，都有助于线边物料数量的减少。

（5）人机工程学原则

在线边料架设计与制作时，要考虑人机工程学，减少水蜘蛛和生产员工动作的浪费。

1）线边料架的位置要定好。如放在员工的前端、后端、左侧还是右边，其高度、层数、层高、角度等要方便员工拿取，避免弯腰、长伸手臂以及磕碰等问题。

2）结合 POU 的原则，必要时料架可呈阶梯状，便于伸手拿取如图 4-13 所示案例，各层呈阶梯状，便于员工拿取物料的同时，也可降低层高，减少移动距离或增加容量。

3）料架高度和角度要考虑水蜘蛛的需求，减少搬运，能推动对接最好。如图 4-14 所示案例，水蜘蛛工装车的高度与线边料架高度一致，手工推动对接即可完成补充，不需要逐个搬运容器，减小劳动强度和减少时间。

 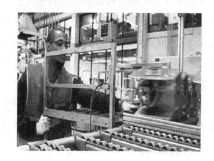

图 4-13　阶梯状线边料架案例　　　　图 4-14　高度对应，对接补充案例

（6）目视化原则

线边设计、制作完成后，进行浅层次和深层次的目视化，便于生产员工、水蜘蛛和管理人员使用。

1）线边容器、线边货架的前端和后端以及货架本身都应进行目视化标识，如图 4-15 所示。

2）线边地面定置标识，如货架定位、空容器区、不良品区等。

3）结合安灯系统，进行深层次目视化，快速响应物料问题，如图 4-16 所示，在工位上方设置显示器，以便更直观地显示线边相关信息。

图 4-15　线边前端、后端目视化

图 4-16　结合安灯系统目视化

　　每一个线边都不一样，甚至同一个线边在不同需求下也不一样，因此在进行线边设计时要充分考虑和运用以上原则，尽量满足这些原则的要求，结合零件和产线特点，设计更适合的线边形式。

🔆 4.3　线边两种主要补充形式与容器数量计算

　　容器设计完成后，线边设计的下一步重点是确定物料的补充形式，并计算每种物料线边放置容器的数量。

　　线边物料的基本补充形式有两种：看板形式（Kanban）和顺序形式（Junjo），如图 4-17 所示。在这两种基本形式的基础上，也可扩展出其他形式，如成套形式、定时不定量配送、定量不定时配送等。线边不同的补充形式对线边数量、布局方式、水蜘蛛补充方式、看板形式等都有直接影响。

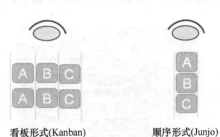

看板形式(Kanban)　　　　顺序形式(Junjo)

图 4-17　线边的两种补充形式

4.3.1　线边补充形式的定义

　　1）看板形式（Kanban），有时也称为双盒拉动形式，是指在线边至少有两个容器，一个容器用完后，水蜘蛛根据空容器和取货看板进行补充的线边形式。

　　2）顺序形式（Junjo），也称为配送形式，是指线边没有固定的物料放置，水蜘蛛根据生产计划，从超市取料并配送到线边的线边形式。

　　3）成套形式（Kitting），是指将两种及以上的物料放在一个工装中，作为一个零件进行补充的方式（在3.3节成套设计中有详述）。在其配送方式上可以是看板形式也可以是顺序形式，多数情况下为顺序形式。

4.3.2 不同补充形式的适应条件

根据零件特性、容器大小、产线空间、使用速度、容器容量、质量要求等不同，线边的补充形式也不同。表4-1是对不同形式的适应条件、优势、劣势进行的分析。

表4-1 线边补充形式分析表

类别	看板（Kanban）	顺序（Junjo）	成套（Kitting）
适应条件	• 零件型号较少 • 循环时间较短（10min以下，或以秒计） • 零件体积不大，能保证人机工程学	• 空间不足 • 零件比较大，占用较大空间 • 零件比较贵重，减少数量 • 零件质量100%合格	• 零件数量不是很多，体积不大 • 零件拿取能保证人机工程学 • 使用零件型号较多 • 换型频繁，不同产品使用零件数量、型号不同，存在多用或少用的可能时 • 循环时间较长 • 零件质量100%合格
优势	• 前端供料，POU，符合人机工程学 • 水蜘蛛完全根据看板（空容器）补充物料，规则简单	• 前端供料，POU，符合人机工程学 • 空间利用率高 • 减少数量	• 防止多用或少用零件（防错） • 原材料数量最低 • 占用面积少
劣势	• 原材料数量较高（可控） • 存在零件用错的风险	• 水蜘蛛工作量较大 • 零件质量有问题时需紧急补料	• 水蜘蛛工作量大 • 零件质量有问题时需紧急补料

根据不同行业的一些实践经验，可总结出不同补充形式的适应情况。

1）C类件多用看板形式：体积小、数量大、价值低的通用件等C类件多用看板形式。

2）不成熟时多用看板形式：线边库存大些，缓冲时间长，可应对一些异常，避免断线。

3）批量产品多用看板形式：换型较少，型号较单一，可连续使用，变化较少。

4）B类件多用顺序形式：B类件较C类件大、重、型号多，可用顺序或成套形式。

5）体积较大时多用顺序形式：占用空间大，或者会造成走动等浪费时，用顺序形式。

6）成套形式多用顺序形式：占用空间小，型号多，根据需求成套，多用顺序形式。

7）频繁换型时多用顺序形式：不同产品物料不同，根据需求配送，用顺序形式。

8）以工装车作为容器的多用顺序形式：工装车本身空间较容器大，要减少线边区域。

9）多品种小批量定制化产品多用顺序形式：不同产品物料不同，应根据需求配送。

不同形式各有利弊，不同条件下也会发生变化。在线边设计过程中，要根据具体情况进行确定。不同的补充形式对应不同的取货看板，在看板数量和使用形式上都不同，在7.2节两种看板类型与看板循环中有详细说明。

4.3.3 看板形式和顺序形式的对比

看板形式和顺序形式这两种形式在计算公式、线边物料数量、组织形式、补充方式、水蜘蛛操作等方面都有不同，其对比分析见表4-2。

表4-2 看板形式与顺序形式对比表

对比项	看板形式（Kanban）	顺序形式（Junjo）
计算公式	双盒拉动容器数 =（2 个水蜘蛛循环时间/CT × 单台耗量）/容器容量 +1	顺序形式容器数 =（2 个水蜘蛛循环时间/CT × 单台耗量）/容器容量
线边物料	一直存在，循环补充	开始没有，生产后才有
组织形式	按型号放置，主要型号线边都有位置	按使用顺序放置
补充方式	根据空容器和看板补充；取了就能补充到线边	根据顺序清单补充；取了不一定能补充线边
水蜘蛛操作	循环过程中取空容器和看板，到超市取满容器、放空容器	根据顺序看板首先到超市取满容器，循环后将空容器放回
换型时	无需特殊备料，常用型号都是双盒，对于非常用型号，则类似顺序形式补充	需配送新型号零件，收回上产品剩余零件

4.3.4 看板形式

1. 看板形式的定义与优点

线边设计中最常使用的一种形式是看板形式，名称来源是由于其信息传递的载体是看板。看板形式也常称为双盒拉动形式，顾名思义是在线边设置两个容器，当一个容器用完时，使用另一个容器中的物料，同时空容器以某种形式发出信号进行拉动补充的物料配送方式。图4-18 所示为看板形式的示意图及案例。

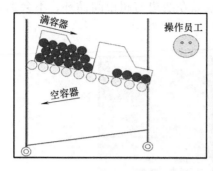

图 4-18　看板形式的示意图及案例

看板形式的优点有以下三方面：

1）易于理解和接受：看板形式是拉动的补充方式，符合精益的通用原则，易于接受。

2）水蜘蛛操作简单：水蜘蛛在循环过程中，发现空容器时就根据空容器和看板进行补充，没有空容器和看板则不需补充，流程简单。

3）受换型影响小：由于主要型号零件都在线边有一定库存，换型时可以直接转换，不需要将之前零件退出，随意使用。

2. 看板形式的使用方式

与看板零件对应的信息传递方式是取货看板，看板零件与取货看板同步使用。

1）线边设置两个容器的零件，按顺序先使用前面一个容器的零件，后面容器等待。

2）当前面容器用完后，将空容器及看板放至返回滑道，后面容器靠重力或其他方式滑到使用位置，员工开始使用第二个容器的零件。

3）水蜘蛛在循环时间内收取空容器及看板，根据看板信息到超市领取满零件的容器。

4）水蜘蛛下一循环将领取的满容器放置到线边，重复循环。

3. 看板形式的信息传递

双盒拉动中的双盒是指两个容器，拉动是指根据客户的需求进行补充，这个需求的表现形式就是空容器所对应的看板，这种看板叫作取货看板（Withdraw Kanban，在 7.3 节取货看板设计中有详述）。

水蜘蛛拿到取货看板后，根据看板信息到超市取对应物料，同时将这张取货看板放置到刚取的满容器中，以此实现拉动的补充，即根据客户需求补充，需要什么、需要多少，就补充什么、补充多少。

取货看板的实际案例如图 4-19 所示，取货看板上的信息有零件名称、型号、数量、超市代码、客户代码等。取货看板只在线边与超市间循环，不会到其他区域，可以重复使用。

图4-19 取货看板实际案例

4. 看板形式的线边容器数量计算

看板形式的线边实际上并非全部都是两个容器，需要进行计算，公式为

$$双盒拉动容器数 = \frac{2个水蜘蛛循环时间/CT \times 单台耗量}{容器容量} + 1$$

式中，CT是指装配生产的循环时间。表4-3为看板形式计算举例。

表4-3 看板形式计算举例

序号	水蜘蛛循环时间/min	2个水蜘蛛循环时间/min	CT/min	单台耗量	容器容量/个	双盒拉动容器数量	调整后容器数量
1	30	60	0.5	1	240	0.5+1	2
2	30	60	0.5	1	120	1+1	2
3	30	60	0.5	1	60	2+1	3

根据水蜘蛛循环时间、零件使用循环时间、容器容量可计算出2个水蜘蛛循环所需要的容器数量，这个值最小为1（不足1个容器的以1个容器计），因此双盒拉动形式线边容器数最小为1+1=2，也就是说，双盒拉动形式的线边，容器数量最小为2，这也就是双盒的来历。

经计算得出的值是每种型号物料在线边的容器数量，据此可以进行线边料架的设计；同时可得知线边所有容器的数量、所需制作看板的数量等一系列信息，这些数据在后续的内部物流设计中，都是非常重要的数据。

4.3.5 顺序形式

1. 顺序形式的定义与适应情形

线边的另一种重要形式是顺序形式，与看板形式不同，顺序形式是按照生产的使用顺序进行物料配送，而不是根据使用完成的空容器和看板进行补充。顺序形式对应的零件称作顺序零件。

顺序形式的适应情形有以下六种：

1）当线边空间不足时：看板形式允许将不同型号的物料都放在线边，因此线边的空间要求较大，如果零件体积较大或者线边空间不足，可采用顺序形式。

2）希望线边零件数量最少时：减少线边物料数量是线边设计原则之一，顺序形式的线边数量较看板形式要少。此外，当某些零件较贵重或者稍长时间放置易出现质量问题时可采用顺序形式。

3）换型频繁时：定制化产品，零件型号较多，不同产品型号不同，换型较频繁时。

4）成套配送时：成套配送物料通常为顺序形式。

5）有防错需求时：型号间差别不大，存在用混或用错的可能时。

6）避免使用取货看板时：每一种看板零件都对应取货看板，而顺序零件有时可以用顺序清单来代替，以减少看板数量和复杂度（在7.5节看板设计与使用要点中有详述）。

2. 顺序形式的使用方式

与顺序零件对应的信息传递方式是顺序看板，顺序零件与顺序看板同步使用。

1）水蜘蛛从平衡箱中取生产计划及与之对应的各顺序看板，每一种顺序零件有一张顺序看板。

2）根据顺序看板到超市中取满零件容器，返回上一循环的空容器。

3）将顺序零件满容器放置到线边，收取空容器；操作员工使用零件。

4）水蜘蛛返回平衡箱，拿取下一个循环的装配生产看板和顺序看板，重复循环。

3. 顺序形式的信息传递

看板形式根据取货看板和空容器进行补充，顺序形式则是根据顺序看板（是取货看板的一种形式，在7.3节取货看板设计中有详细介绍）到超市取料，然后配送到线边。由于顺序看板信息和从顺序器中同时拿到的装配生产看板对应一致，因此配送到线边的顺序零件正是装配生产所需要的物料。

顺序看板的信息与取货看板类似，包括零件名称、型号、数量、超市代码、线边代码等。与取货看板不同的是，顺序看板使用后由员工进行回收，不再循环使用，下一个循环水蜘蛛拿取新的顺序看板进行取料和配送。

有些情况下，顺序零件会较多，这样对应的顺序看板也多，容易出现丢失、错用等现象，增加使用管理难度，因此会将各零件顺序看板整合成一张顺序清单，水蜘蛛根据顺序清单到超市取料。

4. 顺序形式的计算

顺序形式线边容器数量的公式为

$$顺序形式容器数 = \frac{2 个水蜘蛛循环时间/CT \times 单台耗量}{容器容量}$$

式中，CT 是指装配的循环时间。

在实际线边设计中，不足 2 的要调整到 2，即至少要 2 个容器。从公式上看，顺序形式较看板形式少一个容器（少加 1），这也是顺序零件线边库存要少的原因。表 4-4 为顺序形式计算举例。

表 4-4　顺序形式计算举例

序号	水蜘蛛循环时间/min	2 个水蜘蛛循环时间/min	CT/min	单台耗量	容器容量/个	顺序形式容器数量	调整后容器数量
1	30	60	0.5	1	240	0.5	2
2	30	60	0.5	1	120	1	2
3	30	60	0.5	1	60	2	2

经计算得出的值是同一类型物料在线边的数量，据此可以进行线边料架的设计；与看板形式不同，看板形式如果有三种主要型号，那么三种型号都要在线边预留相应空间，而顺序零件由于是按照顺序配送的，同类型零件只要留一个位置即可。

同样，通过计算可得知线边容器的数量、所需制作看板的数量等一系列信息。

从计算公式来看，顺序形式较看板形式少加 1 个容器，这是由两种形式的使用方式不同造成的。看板形式是基于空容器和看板来拉动补充，顺序形式是每个循环都直接补充，为应对一些异常情况，如水蜘蛛经过线边时，某看板零件容器中还有最后一个没有用完，没有产生空容器，水蜘蛛就会错过这个取货看板信息，待下一个循环再拿取补充，因此在看板形式的公式中，最后加一个容器，以确保在水蜘蛛循环下，各种异常都能满足线边的物料需求。

需要特别说明一下，计算举例中的第一种假设情况（看板形式有时也存在），由于容器容量较大，根据公式至少需要两个容器，这会导致放在线边的物料数量非常多。这种情况发生时，通常会考虑其他形式的补充方式，如定时不定量，或者改变容器规格，以减少线边物料数量。

5. 生产异常情况时补充方式

看板形式是拉动的补充，从超市取到的物料必然可以放置到线边，而顺序形式的物料是推动形式，每一个循环水蜘蛛都将拿取顺序零件。正常情况下，送满容器的同时，会有空容器用完，可以放下；但生产异常的情况下，如之前的顺序零件还没有用完，造成没有空间放置的情况时，水蜘蛛可将满容器的顺序零件带回，下一个循环时，不再拿取顺序看板和这种零件，将上循环的零件再次配送。

6. 换型时的补充方式

看板形式的几种型号在线边都有放置，因此看板零件在换型时对水蜘蛛没有影响（若换型后，零件型号为非常用型号，在线边没有，则需同顺序零件类似进行配送）。顺序零件换型时，水蜘蛛根据新的顺序看板拿取物料后，配送到线边，如果线边有上一个型号未用完的顺序零件，则需将其收回，退回超市，放在超市的最前端，下次最先使用。

因此，理想情况下，顺序零件的容器容量最好与水蜘蛛循环时间对应，为一个循环时间内的需求量，这样每次换型时就不会有多余的零件剩在容器中，这一点在 3.2 容器设计和 11.1 均衡化生产中也有涉及。

4.3.6 其他形式

线边物料补充方式除看板形式、顺序形式、成套形式外，根据零件特点，还有定时不定量形式、定量不定时形式等。配送主体上可以是水蜘蛛，也可能是自动导向车（Automated Guided Vehicle，AGV）等其他形式。

以上各种补充方式，其异同、利弊、适用条件等并非一成不变。具体设计时，需要根据物料的特性进行针对性设计，确定适合零件特点、空间需求、操作方便的补充形式。

💡 4.4　线边设计步骤

线边设计是指对生产线的各个工位的线边进行设计，包括容器设计、补充方式设计、容器数量设计、线边料架设计、目视化设计、线边低成本自动化设计等。前文已对相关重要概念进行讲解，本节将重点介绍线边设计的操作步骤。

4.4.1 准备工作

（1）PFEP

零件信息表（在 3.1 节 PFEP 中有详述）是线边设计及其他物流设计的基础数据库。线边设计需要的数据包括：型号数量、容器/工装尺寸、容器容量、单台消耗量、消耗速度等。

（2）水蜘蛛的循环时间

水蜘蛛的循环时间是决定线边大小的决定性因素。

1）初步定义水蜘蛛的循环时间，如 30 分钟或 60 分钟，用于计算线边放置物料的数量。

2）基于这一预定进行计算，可得出看板形式零件和顺序形式零件在线边的容器数量。

3）水蜘蛛循环时间在超市设计、水蜘蛛本身设计中都是非常重要的参数，需要根据各种因素平衡这一时间（在6.3、6.5节中对水蜘蛛时间的确定有详述）。若后续水蜘蛛时间有变化，则需对应调整线边设计。

（3）各种硬件物资的准备

各种硬件物资均需做准备，用于线边料架、工装车的制作。

1）各种零件实物及各种类型容器/工装车实物：直接用零件实物（可用缺陷、报废零件）和工装实物来设计，更直观、更易于测量数据和判断；各种规格的容器实物便于容器设计参考选择。

2）合适空间区域：用于放置零件、容器等实物及制作料架的物料，并进行制作的空间。

3）精益管、流利条、脚轮、木板及各种连接件等：用于快速制作、调整线边料架（在4.5节精益管在线边设计中的应用中有详述）。

4）基本工具、防护用品：线边料架及工装车通常由项目成员进行制作，要准备好基本工具、防护用品以确保安全。

5）白板、纸板架等书写工具：便于计算、绘制草图、讨论等。

4.4.2　为每一种零件设计容器

放在线边的是物料容器，线边料架要根据容器的特征如尺寸、容量等进行设计，因此首先要设计容器。根据零件的大小、形状、重量、防护性等特性，对每一个零件设计容器。设计时，直接根据零件实物与容器实物进行比照，设计大小合适、容量合适的容器。实际容器设计过程如图4-20所示。

线边容器设计

图4-20　实际容器设计过程

容器设计的原则与步骤在3.2节中有详述，与线边有关的容器设计的要点有以下五个：

1）容器最好是可重复使用的塑料容器，且容器的型号数量尽可能要少。

2）小容器设计，满容器的重量不能超过 15kg，便于搬运和符合人机工程学。

3）带轮工装设计，考虑带轮工装，便于推动或牵引。

4）若零件需要防护，可在容器中设计防护装置。

5）容器的容量，可以是最小包装的倍数或约数，10 或者 50 的倍数，便于统计与记忆；对于顺序零件，还要考虑消耗速度和水蜘蛛循环时间，以减少换型时的退回。

4.4.3　为每个工位设计线边

为每个工位设计线边，一方面，是指设计线边货架，根据放置容器的数量和容器的长、宽、高来设计货架尺寸，这是线边设计的主要内容。如果容器本身就是工装车，则线边设计会简单一些，直接用工装车作为线边。另一方面，是指在货架设计完成之后，设计工位整体货架与工装车的布局，最大限度满足增值区和 POU 的原则。

线边设计的步骤共包括以下 8 个：

1）确定零件形式：根据零件特点，确定哪些是看板零件，哪些是顺序零件。

2）计算线边容器的数量：根据两种形式的计算公式，计算线边容器数量；用 Excel 简单公式可批量计算，对于异常数据进行人工复核。

3）设计货架尺寸：根据容器的数量及外形尺寸（参考 PFEP 数据，或直接用实际容器），设计每种零件线边货架的尺寸，设计过程草图如图 4-21 所示。

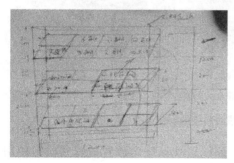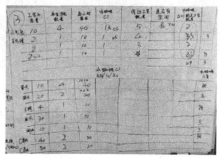

图 4-21　线边设计过程草图

4）整合线边料架：将工位的所有线边进行整合，调整货架的层数、层高、容器放置方向和倾斜角度。当物料较多，跨度较大时，也可设计成弧形，确保货架宽度在增值范围内。

5）确定零件的摆放位置：根据使用顺序和零件的轻重、大小等确定料架中零件位置；通常按拿取的左右手和使用顺序布置零件位置。

6）确认现场空间：确认现场实际工位是否有空间能放下料架，模拟使用并进行调整（层数、容器方向等）；必要时，可能会调整容器形式、补充形式或水蜘蛛循环时间等内容。

7）预留空容器层：空容器的返回层，通常在料架的最上面一层或者最下面一层；实际案例中，最上层的多些，由于空容器重量轻，返回层可适当高些。

8）设计整体布局：各个工位都进行以上步骤的设计，最后绘制整体线边布局图，整体考虑美观性，避免异常突出或超出定置线等情况，并进行调整。

线边设计步骤中，前三步为重点，即根据零件特点和补充形式，设计容器形式、计算出线边容器数量，再根据容器数量和形式，设计出线边料架尺寸，这三步的输出数据在后续水蜘蛛设计、看板设计中会多次用到。后面步骤为在这基础上的细化运用，最终形成线边料架图纸和整体布局图。

4.4.4 线边料架的快速搭建与试用

在经过上述步骤设计后，输出线边料架图纸和布局图，为验证设计效果，需快速制作料架并布置线边布局。

1）制作：团队根据初步设计的线边料架尺寸，利用精益管、流利条及各种连接件，快速做出工位的线边料架（图4-22），并利用真正容器和零件进行试验，调整倾斜角度、容器方向、层高等。

图4-22 工位线边料架的制作

2）布局布置与模拟：根据布局图，到线边现场确定放置位置并模拟使用，根据模拟调整料架参数，确保员工使用方便和水蜘蛛配送方便；验证结构强度，确保物料和人员安全。

3）试用：基本确定后，替换现场当前工装及物料，试用新线边料架，观察承重性和稳定性，根据反馈进行加固或采取其他对策；过程中要倾听员工建议，并进行改善。

4.4.5 标准化与培训

线边设计的实体输出即为线边料架及其布局，其使用看似也非常简单和便于理解。但由于涉及人员较多，仍需制定相关标准并培训和目视化。对线边相关使用进行标准化，如使用要求、编号规则等，并对生产人员进行培训，对物流人员结合水蜘蛛标准作业进行培训，线边工装使用说明如图4-23所示，料架编号规则如图4-24所示。对这些标准类进行培训并张贴在线边料架一侧，便于正确使用。

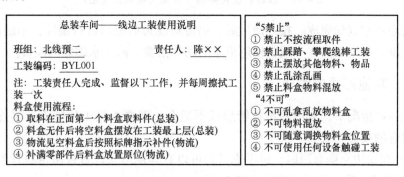

图4-23　线边工装使用说明

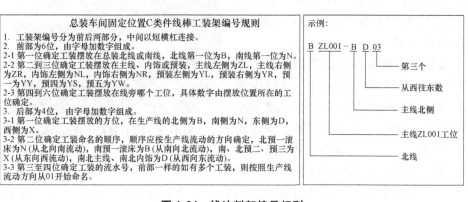

图4-24　线边料架编号规则

4.4.6 目视化

货架搭建并试验完成后，对料架的前、后两端分别进行目视化标识，方便员工和水蜘蛛使用。标识内容主要有零件名称、型号、容器型号、容器最大数量等，线边目视化案例如图4-25所示。

除以上浅层次目视化外，也可适时进行深层次目视化，如显示关键岗位或关键物料的信息、缺料预警等，通常与安灯系统或其他系统结合使用。

图 4-25　线边目视化案例（货架与地面目视化）

线边料架制作完成、投入使用后，仍需对线边的使用进行跟踪，不断改进，调整高度、角度等，逐步减少使用员工的动作浪费，减少水蜘蛛的浪费。

4.4.7　其他形式的线边

在一些情况下，常用的精益管形式不适合，需要根据工位特点、零件特点设计适合的线边形式。

1）在线边空间有限时，可考虑是否可以有其他形式代替常用精益管形式工装，如用 PVC 管、滑道形式等。图 4-26 所示案例中，由于零件较多、空间有限，直接用 PVC 管代替了容器和线边，起到同样的作用。

2）存在较多动作浪费时，要考虑线边如何更好地进行设计，以减少浪费。图 4-27 所示案例中，工位需要的小零件较多，但又不能前端供料，只能用后端供料，这样会造成频繁转身拿取浪

图 4-26　PVC 管形式线边案例

费。线边设计时，制作了可前后移动的伸缩臂，大大减少动作浪费。

3）线边待判定零件/不良品放置容器。零件本身或者零件在使用过程中，可能会发现或产生质量问题，这些零件不能继续使用或保留在容器中。通常在线边设置待判定和不良零件放置容器，一般待判定用黄色容器，不良时用红色容器。由于数量有限和隔离需求，不良或待判定容器通常放在线边的最底层或离增值区稍远的区域。图 4-27 所示案例中，线边料架的右上角红色容器即不良品容器。

4.4.8　线边的延伸

有些情况下，如产品较大、产线空间较大时，很难保证增值线原则，为减

不良品
容器

伸缩臂

图 4-27 伸缩臂式线边案例

少动作的浪费，设计线边时，可考虑将线边进一步延伸，以便于员工的使用，如随身口袋、随身工装、工位工装等，这相当于将线边延伸，也是 POU 原则的体现。操作上，水蜘蛛将物料配送到线边，员工从线边转移到随身工装中或工位工装中。

在图 4-28 所示的案例中，由于流水线产品较大，虽然设计成前端供料，但对于某些用量较大的小零件，需要频繁伸长手臂拿取。因此在员工工位前增加了放置物料容器的区域，员工将物料容器从前端线边拿取，放置到身前，用完后再将空容器返回。虽然增加了一次搬运，但减少了每次拿取时的不便。

图 4-28 工位贴身工装案例

图 4-29 所示案例为线边随行工装案例，同样为避免多次走动拿取物料，员工设计简易工装（左图，本工位使用）或直接用工装车（右图，多个工位可用该工装中的物料），随产品或工位一起移动。这种形式在汽车装配、中大型设备等流水线较常见，有些甚至还增加了部分自动化功能，在 4.6 节线边设计的低成本自动化中有介绍。

图 4-29　线边随行工装案例

⚙ 4.5　精益管在线边设计中的应用

4.5.1　什么是精益管

　　精益管也称为线棒、钢塑复合管、reform System。精益管柔性系统是一种由管件和连接件组成的模块化系统，可以将任何创造性的想法转换成一种个性化的切合实际的结构，制作及其简单、迅速，且成本低。这种系统在生产线改善、内部物流改善中，已经有非常广泛的应用。

　　精益管的内层是优质钢管，不同的壁厚代表不同的强度，外层为热塑性塑料层，近年市场上也有铝型材材质，外观较好，性能也更好些。精益管有不同的连接件，用于不同的连接方式。在装配工具上也非常简单，除切割外，内六角螺钉即可联接。精益管、各种配件和工具如图 4-30 所示。

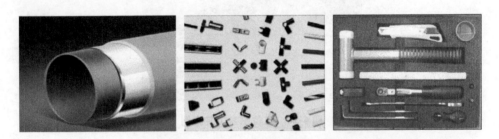

图 4-30　精益管、各种配件和工具

　　由于各种工装通常为定制化设计、需要更改，以及精益管本身的制作简单、迅速等因素，精益管工装通常由企业内部员工自己制作，这也体现出月光工程原则：我需要、我设计、我制作、我使用、我改进（在第 9 章内部物流模拟中有详细说明）。

4.5.2 精益管的应用范围

精益管的应用简单易懂，一看就明白，一看就会做，因此其应用范围非常广泛，包括但不限于：工装货架、工装车、生产线、工作台、宣传展板等，图4-31为精益管的应用案例，中间案例在工装车上增加牵引后，即为水蜘蛛的牵引车车厢，有较好的灵活性和可靠性，这种方式在6.2节水蜘蛛配置中有提及。

图4-31　精益管的应用案例

除这些简单工装外，精益管还可以有更大的使用范围。以精益管为骨架，增加合适的动力装置后，就能变成简单的设备。如在物流中应用的传送带、AGV小车等，特别是精益管物流AGV小车，由于自己进行设计和制作，性价比高，且更符合企业自身特点，许多企业都在实践运用。相关案例如图4-32所示。

图4-32　精益管动力装置案例

4.5.3 精益管在线边中的应用

在典型的离散型行业，精益管形式的各种线边占据很大比例，并且由团队自己设计和自主制作，精益管在不同企业线边的应用如图4-33所示。

精益管在线边主要用来制作容器类线边料架和工装车。

1）容器类线边料架：大部分情况下，容器类线边料架是使用精益管制作的，少数情况由于空间、重量等因素使用其他材质或形式的线边。

线棒工装制作

图 4-33　精益管在不同企业线边的应用

2）工装车：线边的工装车大部分也可以用精益管来制作。唯一限制因素为重量，其他因素如零件形状、质量防护等都不影响精益管的使用。

同在线边应用一样，精益管在后续内部物流系统中，如超市、水蜘蛛及信息流设计中，都可以充分使用。

4.6　线边设计的低成本自动化

广义的低成本自动化包括防错、减轻员工劳动强度、自动退出等内容，已经开始广泛应用在生产的各个环节，本节将重点讲解低成本自动化在线边的应用，目的是减少线边使用人员，如生产员工和水蜘蛛的劳动强度和时间损失等浪费，具体形式包括小容器、对接上下料、空容器自动退出、单个供料等。

4.6.1　可重复使用的标准化小容器

在 3.2 节中，对容器设计有介绍，小容器设计本身就是一种低成本自动化的体现。线边小容器设计有三个要素：可重复使用的容器、小容器、标准化容器。可重复使用的容器通常指塑料的容器而非纸箱，可重复使用，减少废弃物；小容器通常为成人可以搬得动的容器（15kg 以内），以减少叉车使用；标准化容器指使用标准尺寸的塑料容器而非定制的，更重要的是，即使是可重复使用的标准尺寸的小容器，其型号数量也要尽可能少，这为后续的容器运行提供便利。

4.6.2　上料与下料的对接

常规情形下，水蜘蛛从工装车上将满零件容器搬出，放到线边货架上，若容器数量较多或较重时，对应工作量和工作负荷就大，可考虑对接传递方式：将上料工装车高度与线边料架高度统一，轻轻推动，依靠滑动和重力实现对接，不需逐个搬动容器。对接上下料是人机工程学的直接体现，能大大减轻水蜘蛛的工作强度、节省时间和体力，案例如图 4-34 所示。

这时需要设计对接工装，增加如防护卡扣等，正常运输时确保运输安全，

图 4-34　对接型上下料案例

对接时能轻松对接。

4.6.3　空容器的自动退出

　　将空容器从满容器滑道拿出，放到空容器滑道，虽然仅需很短的时间，但在循环时间很短的操作中，其所占比例就较大，因此使空容器自动退出也是值得考虑的改善点。通常采用增加简单助力装置的方式，无须员工拿取与放置，空容器即能自动退出到容器滑道。图 4-35 所示为三个空容器的自动退出案例。

图 4-35　空容器的自动退出案例

　　空容器的自动退出，是消除浪费的一种极致体现。以人为本、消除浪费、增加价值也是低成本自动化设计的出发点。

4.6.4　使用工装车直接作为线边

　　为减少搬运，可将整辆车作为线边直接使用。在超市中将车挂在牵引车上，在线边水蜘蛛将车卸下，直接将其推动到指定位置，同时将空车取回挂上。这种方式在线边零件较多、成套配送的情况下效果更佳。利用工装车作为线边可大大减少搬运，减轻水蜘蛛的工作负荷。此外，还要考虑如何减少工装车数量，如何使装车、卸车更简单快捷。

　　在使用工装车作为线边的基础上，还可以进一步延伸，减少浪费。图 4-36 所示案例不仅将工装车直接作为线边，而且还可将其进行旋转。虽然增加了旋转动作，但减少了工装车数量，满足了线边的空间需求。

图 4-37 所示案例同样为工装车，但为减少装车、卸车的难度，特别是当工装车较重时，装车和卸车需要费力调整角度和位置，将工装车设计成嵌入式（在 6.2 节水蜘蛛典型配置中有详述），在装卸车时，只需打开限位，将内嵌工装车拉出，而连接在牵引车上的车厢不需装卸，进一步减轻了工作量。

图 4-36　可旋转工装车案例　　　　　图 4-37　嵌入式工装车案例

上述案例中的工装车是用精益管制作的，精益管的功能在 4.5 节中也有详述，在线边的低成本自动化中，要更充分地发挥它的功能，创造性地使用精益管。

4.6.5　可移动线边小车/线边工装

在员工的操作范围较大时，如果线边料架位置固定，则员工需要走动一定距离才能拿取零件，因此可设计可移动的线边小车，员工移动时，线边小车跟随移动，以减少走动距离。图 4-38 为可移动线边小车案例，右侧案例为汽车装配线随行小车，下方有轨道，根据员工需要往复移动，减少员工动作浪费。

图 4-38　可移动线边小车案例

同样，有时为了方便员工的使用，在需要时将线边移动到员工的使用点，其他时间再放回原位，以减少频繁的转身拿取动作。

图 4-39 的案例中，采用后端供料方式，白色容器内为成套配送的小零件，由于数量较多，需要频繁转身拿取，因此用精益管设计伸缩工装，需要时将小

零件容器延伸到使用点，不使用时再缩回线边料架。这个案例是典型的利用低成本自动化减少操作员工动作浪费的案例。

图 4-39　伸缩式线边工装案例

4.6.6　单个供料

当设计物料容器中零件较少、数量较多（如螺钉），或者零件容易纠缠在一起（如弹簧）导致员工拿取不方便时，可考虑单个供料方式，如改变容器形式或者采用某种工装一个一个地供料，如图 4-40 所示。

单个供料通常需要设计专用工装。更进一步的是，在单个供料的同时，零件方向、角度等也同步设计，使员工拿取零件后不需要任何操作（如旋转一定角度）即可进行使用。

图 4-40　单个供料案例

以上是六种在项目中使用的低成本自动化形式，在线边的设计与改善中，应不断思考，持续应用低成本自动化思想，制作出适合企业自身线边的低成本自动化方式。

第5章

超 市 设 计

上一章学习了线边，是生产与物流的边界。在最精益的工厂，供应商提供的零件被直接送到线边，不在工厂的其他位置停留，这样最大程度上减少了库存及库存产生的系列问题，如面积占用、资金占用、运输浪费、管理成本、质量风险等，是最有效的物流方式。

但在很多工厂中，供应商或上游工序并不能在需求时间内，将物料直接配送到线边，这就需要建立一个缓冲库存，汇总由各供应商生产的物料，然后由水蜘蛛以小批量、多品种、高频次的方式配送到线边。

从这个角度来讲，这一缓冲库存可以认为是线边的延伸，是将线边物料首先更换一个位置暂存，然后再配送到线边，以减少真正线边的库存数量与配送不及时的问题。精益物流中将这一缓冲库存称为"超市"。

同线边一样，超市也是一种实体存在，超市库存本身也是一种浪费。良好的超市设计能减少库存、减少物流人员的浪费、保证零部件质量、满足线边的多品种小批量需求。在第4章中，将线边设计称为内部物流设计价值体现之一，本章要介绍的超市设计也是内部物流设计价值的重要体现，超市设计好坏，体现内部物流的设计水平和工厂的运行水平。

本章请读者学习超市的定义、特点，认识超市中两种主要物料形式，介绍超市的计算公式，并由此引出超市改善的方向（关联第2章的生产流动改善），最后将介绍超市的设计步骤及模拟。

💡 5.1　超市概述

超市是线边的延伸，是工厂中放置物料的一个地方，其更常见的说法是仓库或库房，只是超市具备一些特征使其区别于传统的仓库。超市可分为原材料超市、在制品超市和成品超市，本书关注的是原材料超市，而实际上其他两种类型超市在目视化、先进先出、数量计算等方面与原材料超市类似，可以延伸利用。超市是内部物流中重要的一环，在拉动系统中，起到承前启后的作用。

5.1.1　工厂中超市的起源

生活中的超市已非常普遍，是日常生活采购的主要方式。工厂中的超市起源于大野耐一，由于当时丰田缺乏资金和材料，为贯彻准时化的思想，大野耐一设计了后道工序去前道工序领取物料的方法，而物料集中领取与补充的位置就是超市。后道工序用完后去前道工序超市领取，领取后形成生产看板，前道工序根据生产看板进行生产，然后再补充到超市，这也是准时化生产的基本形态。图 5-1 为大野耐一与其超市原理示意图。

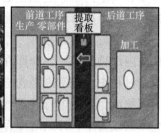

图 5-1　大野耐一与其超市原理示意图

实际上，目前工厂中的超市与生活中的超市非常类似，都是放置产品/物料的地方、都有客户需求/消耗、都会根据消耗进行对应的补充、都有很好的目视化，其目的都是在保证供应的情况下，维持最小的库存量。

5.1.2　超市与线边、仓库的关系

线边、超市和仓库都是放置物料的地方，很多企业这三者都会存在。有些企业没有仓库，只有超市和线边，更先进的企业没有仓库和超市，只有线边，这样的企业一般称之为供应链精益企业。

1. 三者之间的关系

从物流上看，物料先从仓库到超市，然后从超市到线边；信息流上看，信息先从线边传递到超市，再通过某种方式传递到仓库。因此从某种意义上说，超市是线边的一个延伸，而仓库是超市的一个延伸。

图 5-2 为线边实例，在第 4 章中已讲过；图 5-3 为超市和仓库的实例，上层为立体货架式仓库，最下层为精益管流利式超市；图 5-4 为线边、超市和仓库之间的关系图。

图 5-2　线边实例

图 5-3　超市和仓库的实例

2. 问题与挑战

　　线边、超市、仓库的存在也就意味着库存，意味着资金和场地占用。这也正是物流设计的挑战，即如何减少线边、超市和仓库中物料的库存数量。

　　在全面流动管理模型中，线边在生产流动模块，超市在内部物流模块，仓库在外部物流模块；在实际的改善过程中，通常也是先进行生产流动改善，后进行内部物流，最后进行外部物流改善。在线边、超市和仓库的改善中，开始时库存并没有减少，而是进行了转移，首先从线边转移到超市，再从超市转移到仓库，最终转移到供应商处，同时推动供应商进行改善，减少整个供应链的库存。

图 5-4　线边、超市与仓库的关系图

5.2　超市的特点

　　通常超市有两种呈现形式，一种是货架式超市（图 5-5），一种是工装车式超市（图 5-6）。超市有别于传统的仓库，具备以下特征的仓库，可以称之为超市。

图 5-5　货架式超市

图 5-6　工装车式超市

（1）便于拿取和放置

精益内部物流中，超市的客户是水蜘蛛，因此首先要考虑水蜘蛛的操作方便，同时要考虑补货员工的操作方便。

1）超市中应避免使用叉车，最好使用小容器或周转车；若是超市与仓库在一起，需要使用叉车时，应将补货通道与取货通道分开，避免交叉。

2）基于共识的规则设计布局：每一个零件一个位置，便于物流人员记忆，能在最短时间内找到所需物品。

3）超市中的货架高度在1.6m以下，便于员工拿取和目视化。

（2）目视化

目视化包括浅层次的目视化和深层次的目视化。

1）浅层次的目视化传递基本信息，包括超市整体标识、货架标识、货位标识、地面标识、先进先出标识、安全标识、水蜘蛛区域标识、停车标识、人车分离、斑马线等。超市浅层次目视化实例如图5-7所示。

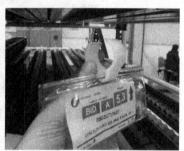

图5-7　超市浅层次目视化实例

2）深层次目视化进行超市管理，包括物流人员工作量分配、异常管控等。3.3节的成套目视化，也是深层次目视化的一种体现。

良好的目视化有助于水蜘蛛的运行、有助于超市的管理，应尽可能多地应用浅层次目视化，使超市一目了然，同时结合安灯系统/制造执行系统（Manufacturing Execution System，MES）等进行深层次目视化。

（3）先进先出

先进先出（First in First out，FIFO）是任何超市或仓库的基本要求，由于超市高度和容器大小的因素，相对于传统的仓库，超市的先进先出更容易实现一些。超市中要多用道具化、实体化方式确保先进先出，减少对人的依赖。

1）图5-8所示案例为流利式货架，常用于盒子类标准容器的先进先出。

2）图5-9所示案例为地面限位轨道，常用于周转车类的先进先出。

3）图5-10所示案例为利用目视化辅助先进先出，常用于多层货架。

图5-8 流利式货架

图5-9 地面限位轨道

图5-10 利用目视化辅助先进先出

（4）可控的数量

这是超市最重要的一个特征，也是区别于传统仓库的最明显特征。超市中的物料数量是可控的，不能多，否则会导致占用面积和资金；也不能少，否则会导致后工序缺料。这是一种可控的数量状态。超市数量控制示意图及计算公式如图5-11所示。

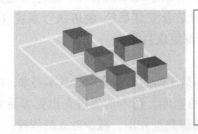

超市=批量+补充水平+安全库存

…批量=需求量/可换型次数

…补充水平=(水蜘蛛循环周期+换型时间+第一个产品时间+容器时间+水蜘蛛循环周期)/CT×使用数量

…安全库存=根据生产线情况估算

图5-11 超市数量控制示意图及计算公式

超市中物料的种类和数量需要经过设计（在5.5节中有介绍）。物料种类上，主要放置常备物料；物料数量上，根据每一种物料的交期和消耗情况计算其库存量。不管是种类还是数量，每隔一定周期（通常为 1～3 个月），都需要进行评估调整，以适应需求变化。

5.3 MTS 与 MTO

并不是所有的物料在超市中都有，通常以减少库存量和面积占用、减少呆滞风险，用最少的库存满足生产的需求。

超市中有常备物料和不常备物料。常备物料通常型号数量满足 8020 原则，用量较大且型号较少，因此在超市中备有一定库存，按照需求拉动生产，称为 MTS（Make to Stock）物料；不常备物料通常为定制物料、型号较多但数量较少，按照订单需求进行生产，称为 MTO（Make to Order）物料。

5.3.1 MTS 的定义、优缺点和应用分析

1. MTS 的定义

MTS，意为按库存生产，是指产品在超市有一定的库存，当客户需要时，直接从超市中发货的一种产品生产策略。MTS 物料在超市中常备，通常对应看板零件，通过生产看板拉动生产。MTS 物料设计是超市设计的重点。

价值流中的不同阶段，如原材料或不同工序间在制品、成品，都可以用 MTO/MTS 的概念。

2. MTS 的优点

1）MTS 产品是从超市中直接发货的，不需要进行采购、加工、装配等环节，因此 MTS 的最大优点是前置期短，客户下单后可在最短的时间内得到产品。

2）理论上可以用拉动的方式生产 MTS 产品。客户有需求时，库存减少，通过生产看板等方式，将需求传给上游工序，拉动上游工序生产。上游工序按需生产，不会造成过量生产的浪费。

3）从消费的角度来说，MTS 物料一般是通用规格，价值相对较低，占用资金会少；即使在需求变化时，也可应用在其他产品中，不至于造成呆滞浪费。

3. MTS 的缺点

1）库存的浪费。MTS 产品在仓库中都会有一定的库存，不管大量还是少量，总之是要有库存的，而库存是万恶之源，只要有库存就会产生一系列的问题。

2）市场变化等会导致预测失误。MTS 根据产品的特点和市场需求来设定一定的库存量，但市场变化多端，会导致预测失误，造成物料积压。

4. MTS 的应用分析

1）MTS 物料的确定。一方面，对于产品型号成熟、需求量大、生命周期长

等产品可以采用 MTS 方式。另一方面，生产线情况及市场会发生变化，对应的 MTS 也可能发生变化，需要根据实际情况每 1~3 个月进行更新调整。

2）MTS 库存量的控制。库存量越小越好，但不能小到影响客户的正常需求，因此对库存量的控制非常重要。超市的数量设计（重点就是 MTS 数量设计）是超市设计的重点，通过设计并对其中的各个工具进行改善，不断降低库存量。

3）MTS 向 MTO 的方向发展。控制库存是 MTS 的首要内容，通过产线改善、SMED、内部物流改善、建立原材料超市、模块化等方式，使上下游柔性能力提升，可将最终产品的 MTS 逐步向上游工序延伸，减少库存，逐步形成 MTO 形式。

5.3.2　MTO 的定义、优缺点和应用分析

1. 什么是 MTO

MTO，意为按订单生产，与 MTS 不同，MTO 产品在超市内没有库存，而是当客户需要时，需要从前到后进行生产的一种生产策略。MTO 物料在超市中不常备，通常作为顺序零件，通过生产指令生产，放置到预留区域。

2. MTO 的优点

1）根据客户的需求及时进行生产，要什么做什么，要多少做多少，是 JIT 式生产。

2）没有库存压力、较少资金和面积占用、较少的库存管理要求和较小的批量呆滞风险。

3）相对于 MTS，MTO 的要求更高，从另一方面也倒逼对生产线、设备、人员等不断进行改善，不断缩短交期，更快满足客户需求。

3. MTO 的缺点

1）对产线柔性要求高：根据客户的不同需求，物料型号会很多，而需求数量又较少，造成"多品种、小批量"的情况，这对生产线的柔性要求比较高。这既是缺点又是优点，倒逼生产线进行改善。

2）需求不稳定：包括数量上的和时间上的，这种不稳定又不能通过建立库存的方式来调整，当需求量有大的波动时，对生产会有冲击。

3）交期较长：MTO 下单后，上游工序根据需求从第一个工序开始生产，相对于 MTS 而言，其交期会更长一些。另外，如果在生产过程中出现任何异常，都会对交期产生直接影响。

4）变更频繁：由于产品定制化和长交期，客户要求变更的可能性也更大，如规格变化、数量变化、交期变化、包装变化等。

5）尾单库存量大：由于变更频繁及各种问题，通常会增加一定的安全余

量，长此以往，尾单库存量会增加，且不易处理。

4. MTO 的应用分析

1）快速换型能力。MTO 方式的特点是小批量多型号，因此不管对设备还是生产线必须具备快速换型的能力，长时间的换型不能满足 MTO 方式的需要。

2）柔性水平。同样，为应对小批量多品种，以及数量的波动，生产线必须具备柔性的特点。小型单元线已经成为应对多品种小批量产品的最佳生产方式之一：多条小的单元线可以同时生产不同型号的产品，在需求数量变化时，又可以通过单元线数量或者人员数量来快速应对。

3）内部物流能力。频繁的更换型号直接导致物流的复杂性，需要进行更好的线边设计、超市设计和水蜘蛛设计，提高内部物流水平。如在超市设计中，要预留一定的冗余区域，放置因异常原因产生的 MTO 物料；建立成套预警机制，减少不成套等。

4）成本降低。MTO 由于其可定制性，价值较 MTS 会高，如何在保持高价值的情况下降低成本是 MTO 发展的方向。常用的方法有：价值工程、零部件标准化、模块化、建立适当的超市等。

💡 5.4 超市设计原则

超市在拉动系统中，起到承前启后的作用，其运行的好坏将直接影响到内部物流的质量。因此超市的设计在很大程度上会影响内部物流的效率，下面介绍超市设计的五个原则，为超市设计提供参考。

1. 原则一：不要轻易进行超市设计

超市是物流与信息流的交汇点，通过水蜘蛛与看板，向后涉及线边的补充，向前涉及上游工序的生产。如果上游供应商和下游客户在生产批量、换型时间、容器容量、配送时间、标准作业等稳定性较差，将直接影响超市的运行，造成库存量较大或者客户的缺料。在第 1 章全面流动管理中也提到，要从内向外进行改善，先进行生产流动改善，再进行内部物流改善。因此在上游工序与下游工序生产线建立基本稳定性之前，不要轻易进行超市设计。

2. 原则二：保证下游客户的供应安全（不缺料）

建立超市的首要目标是确保下游客户的零件供应，不使下游客户因缺件而中断生产。但影响供应的因素有很多，特别是在精益内部物流运行初期，各个要素如线边、换型、零件质量、看板信息、设备、水蜘蛛、工艺等都会影响超市的运行，因此在设计超市时，设置一定数量的安全库存是有必要的，稳定一段时间后，再逐步调整安全库存（图 5-12），在 5.5 节超市计算中，也将提及安全系数与安全库存。

3. 原则三：超市库存数量最少

库存是万恶之源，会造成面积、人员、质量、管理等其他浪费。超市也是库存，因此从消除浪费角度来说，要减少超市的库存量，将库存控制在合理的范围之内，不要多（产生库存浪费），也不能少（影响下游工序生产）。如图 5-13 所示，超市是客户和供应商之间的合理缓冲。合理的库存控制是超市设计的核心内容和重要原则。

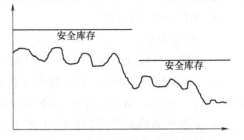

图 5-12　根据运行情况调整安全库存

图 5-13　超市是客户与供应商之间的合理缓冲

超市设计也不是一劳永逸，随着供应链上持续改进而改进。上游供应商、下游客户要在生产流、物流方面持续改进，超市也要发挥本身的缓冲作用、控制作用和预警作用。通过供应链上持续改善，逐步减少超市中物料的数量，实现 JIT 式的物料流动。当超市中数量足够少时，甚至可以取消超市，直接将物料配送到线边，这也是超市设计的终极目标。

4. 原则四：取货、补货、管理方便

这是超市的特征之一，超市设计要考虑水蜘蛛的操作方便，能快速找到、拿取、避免寻找、确认、借助叉车等设备等；同时，还要考虑补货员工的操作方便，能快速补充，安全、无交叉操作；还要考虑管理者的管理方便，如日常管理、缺料管理、持续改善等。

超市设计中反复提到的以下内容，也是为了取货、补货及管理的方便（图 5-14）：

1）小容器/工装车，便于搬运，减少叉车使用和安全风险。

2）根据既定的原则布局，便于寻找。

3）低成本自动化应用，降低员工劳动强度。

4）先进先出控制。

5）防错对策，减少思考和判断，使员工正确、快速完成物流操作。

6）取、补不同侧/不同时，避免交叉，降低隐患。

图 5-14　超市要便于补货、取货和管理

7）良好的目视化。

5. 原则五：安全第一

安全与人机工程是首先要考虑的问题，是超市设计的第一原则，超市安全包括人身安全、物料安全、设施设备安全等。在超市设计中，要注意以下事项：

1）符合人机工程学：避免弯腰、举高、超重等动作浪费。

2）工作环境安全：减少叉车使用、人车通道分离、地面标识、视线开阔。

3）防火安全：电气线路安全、危险品防护、消防设施等。

4）设施设备安全：通道、货架、叉车、货车等安全。

5）物料安全：防止磕碰、防尘、日晒等。

图 5-15 所示的案例为超市中的一些安全相关措施，如叉车等要有相关资格证书、超市货架要有护角防止碰撞、在拐弯处安装多面镜等。

图 5-15　超市安全相关措施案例

以上介绍了超市设计的五个原则，总结来说超市设计的原则是：在安全的前提条件下，以最少的库存浪费和动作浪费，保证下游客户的物料供应。

💡 5.5　超市计算

在超市的特征中，最重要的是可控的数量，即超市中物料的数量既不能太多，也不能太少。超市中物料的种类和数量需要经过设计和计算，种类上主要放置 MTS 物料，数量上根据每一种物料的交期和消耗情况来计算。

5.5.1 常备物料（MTS）数量计算

在拉动生产方式中，上游工序根据物料的生产看板进行生产，因此在超市中要保持一定的数量物料，以使上游工序在生产物料时，下游工序仍有物料可以使用。这一数量包括生产批量、补充水平及为应对异常建立的安全库存，计算公式为：

$$超市物料数量 = 批量 + 补充水平 + 安全库存$$

（1）超市物料数量

超市物料数量是指超市中某一型号的物料最大放置量，其单位为容器或工装车数量，不是单个物料的数量。

（2）批量

上游工序生产一个批次的数量。批量取决去上游工序的柔性程度，如果上游工序柔性非常好，即可进行频繁换型，批量可以减少到1（1张看板，也即1个工装容器）。其计算公式为：

$$批量 = 需求量/可换型次数 = 需求量/（总可换型时间/单次换型时间）$$

需求量为客户需求，通常为不变量；可换型次数等于总可以换型时间除以单次换型时间。换型时间短，批量就小，换型时间长，批量就会大。由此，也得出需要不断进行快速换型改善（在 2.3 节快速换型中已述），以减少批量的大小。

（3）补充水平

补充水平意为从发出信息开始，到物料送到线边为止，这一段时间（也即 L/T）所需要的物料数量。通常补充水平是超市数量中占比最大的因子。其计算公式为

$$补充水平 = \frac{（水蜘蛛循环时间 + 换型时间 + 第一个产品生产时间 + 满一个容器时间 + 水蜘蛛循环时间）}{消耗循环时间} \times \frac{单台耗量}{容器容量}$$

1）水蜘蛛循环时间：在拉动物流模式中，信息传递由水蜘蛛完成，从超市到上游工序顺序器，需要的最长时间为一个水蜘蛛的循环时间。

2）换型时间：在这个信息之前，还有多少物料需要生产无法预料，因此无法计算需要等待的时间，以直接生产为计算条件。直接生产需要换型，因此加上换型的时间。

3）第一个产品生产时间：从第一个工序到最后一个工序完成一个产品所需要的时间。

4）满容器时间：水蜘蛛以容器为最小单位进行物料转移，满容器时间为生

产完一个容器物料所需要的时间。

5）水蜘蛛循环时间：生产完成后，再由水蜘蛛将物料从超市送到线边，最长为一个循环时间。这个循环可能与第一个水蜘蛛循环时间一致，也可能不一致，取决于水蜘蛛设计。

缩短 L/T 是生产流动改善的目标，也是整个精益生产追求的目标。通过公式中各个因子的改善，可缩短 L/T，对应也就能减少超市物料数量。

（4）安全库存

在实际工厂运行中，为保证客户的正常需求，通常在超市中设置一定的安全库存。安全库存虽有计算公式但较复杂，通常根据上游工序人机料法、水蜘蛛标准作业等的稳定性进行预估设定。

理论上，根据超市公式计算得出的数据可作为超市中的数量而准备，但内部物流涉及方面较多，任何一个因素都可能导致超市缺料而影响正常的生产，特别是在内部物流改善初期，由于各要素还不稳定，会出现异常。因此在实际的超市准备过程中，会将这一数据乘以一定的系数，如 1.2 或 1.5，以保证在拉动运行中物料的正常供应。同时监控超市物料的情况，在稳定后，逐步减少库存数量到计算的数值。

得出常备物料的容器的数量后，根据容器形式和尺寸，计算该物料在超市中所需空间大小（在 5.6 节超市设计步骤中有详述），进行下一步设计。

5.5.2 超市与批量、补充水平和安全库存的关系

超市数量计算是超市设计重要内容之一，其计算公式有三部分组成：批量、补充水平和安全库存，它们之间有什么关系呢？本节用图文的形式解释超市与这三部分之间的关系（图 5-16）。

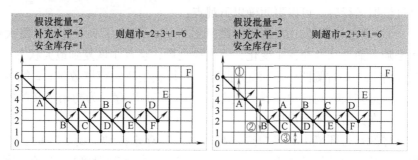

图 5-16　超市与批量、补充水平和安全库存的关系

（1）假定条件，随机假定各参数，用来模拟计算

超市大小 = 批量 + 补充水平 + 安全库存，假设批量为 2 个容器（或者工装车，后同），补充水平为 3 个容器，安全库存为 1 个容器，则超市的大小为 6 个

容器，即超市内该型号物料最多数量为6个容器。

（2）超市使用过程，观察参数的运行变化

随着生产的需求，第一个容器取走，但由于不到批量2，所以这个容器的生产看板将被放置到批量管理器（在8.3节批量管理器设计中将详述）中；第二个容器用取走时，由于批量管理器上已经有2张看板，也就是达到了生产批量的2，因此，形成A订单发出；同样，继续取走2个容器后，形成B订单。

由于没有产品补充超市，超市中的数量一直下降。再继续使用1个容器后，超市数量下降到了1，也就是说触碰到了安全库存，但这时，离A订单发出已经有3个容器的时间，也就是说A订单完成生产，补充回了超市，补充的数量为2（发出的订单批量为2，回的也为2）；继续使用1个后，形成C订单并发出；再继续使用一个后，超市达到安全库存底限1，同时B订单返回补充超市。

如果不换型，继续生产，则图形会保持锯齿形状持续进行，超市中始终有最少1的安全库存。其他型号则保持在最大库存状态。

如果在生成F订单后，生产线换型，不再使用该型号，则在后面的循环中，E订单和F订单将陆续补充回超市，超市又恢复到最大的库存状态中，即6个容器。

如果在生成某个订单后，又使用了一个容器，这时生产线换型，不再使用该型号，则这张生产看板将一直放置在批量管理器中（因未达到批量2，不能形成订单）。其他发出的订单陆续补充回超市，超市数量较最大值时少了1个容器。当下次再使用该型号时，提取1个容器后，就会形成一个订单。

更换其他型号后，其他型号以同样的方式，变化超市的物料数量。

（3）结论

经过模拟运行后，可以更明确以下观点：

1）经过超市计算得出的是超市数量最大值，但其并不一直处于最大值状态，而是随着消耗和补充发生变化，但当换型后，会逐步恢复到最大状态。

2）在图5-16右侧图中，1线为批量，即每次生产的容器数量；2线为补充水平，即经过多长时间订单能返回超市；3线为安全库存，为初始定义的安全库存量，只有在异常时才会启用。

在这样的运行环境下，客户通过超市这一库存来拉动上游工序的生产，也只有根据下游客户的拉动需求（要什么、要多少、什么时间要），上游工序才进行生产，这也构成了丰田喜一郎和大野耐一期望的JIT式的拉动生产方式。

5.5.3　超市大小的影响因素及改善

在第2章生产流改善中，提出在进行内部物流改善之前，要首先进行生产流动的改善，如生产线设计、标准作业、快速换型等。在第 3 章容器设计中，提出要小容器，第 4 章线边设计中要求水蜘蛛循环时间要短。这些要素及改善除本身的好处外，在减少超市数量中，也能发挥重要作用。下面将超市计算公式展开分析，从中得出影响超市的因素及改善方向。

超市物料数量 = 批量 + 补充水平 + 安全库存 = 需求量/[（总时间 − 各种损失）/单次换型时间] +（水蜘蛛循环时间 + 换型时间 + 第一个产品生产时间 + 满一个容器时间 + 水蜘蛛循环时间）/消耗循环时间 × 单台耗量/容器容量

1）换型时间：减少单次换型时间可直接减少批量和补充水平，因此要不断进行 SMED 改善，减少单次换型时间。

2）各种损失：减少各种损失可增加可用来换型的时间，减少批量。损失包括：质量损失、效能损失和可用性损失（即 OEE 中的三大损失），可通过质量改善、标准作业、设备改善等减少损失时间。

3）水蜘蛛时间：缩短水蜘蛛时间能直接减少超市数量。通常在 30 分钟或 60 分钟较合适，太长造成库存量增大，太短则对应工作量较少，没有太大意义。

4）容器容量：水蜘蛛以容器为单位进行转运，从大容器改善为小容器，有助于降低超市库存量。

5）第一个产品生产时间：也即产品流程时间，通过产线设计、工位平衡、标准作业等有助于这一时间的稳定和减少，对应也能减少超市库存。

6）安全库存：督促供应商开展质量、成本、交付等各种改善，也能有效减少安全库存。

公式中各个因子的增加或减少，直接影响超市大小，也即库存量，这些因子也就是改善的方向。这些因子中，有些是与物流有关的，如容器设计、水蜘蛛设计等，在物流设计中会关注；也有与生产流动有关的，如换型时间、流程时间、各种损失时间等，因此，进行内部物流改善和生产流动改善，都能对库存的减少起到积极作用。

💡 5.6　超市设计步骤

超市是内部物流中物流与信息流的交汇处，是内部物流设计的价值体现，重要性不言而喻。前文已将相关重要概念进行讲解，本节将重点介绍超市设计的操作步骤，讲解如何更好地设计物料超市。

5.6.1　准备工作

1. 基础数据准备

1）上下游工序的基础数据：如需求量、各工位循环时间、换型时间、各种损失时间等。

2）零件相关信息：经过容器设计和线边设计后，PFEP 已经相对完善。

3）成套相关信息：哪些物料可以成套及成套容器或工装车。

4）水蜘蛛相关数据：循环时间、车厢数量、牵引方式、工装车转弯半径、路线等。

在实际的物流设计中，由于水蜘蛛还未正式设计，有些数据如车厢数量、拐弯半径等实际数据还没有，但最重要的水蜘蛛循环时间在线边设计时已经使用。通常可以用常规的经验数据先来计算，在后续水蜘蛛设计后，再修正超市设计，这也再次证明内部物流各工具的相互关联性。

2. 容器设计完成

超市中的容器与线边零件容器一致，以避免重包装。由于已经进行了容器设计，并且在线边设计中对容器进行了更新，因此本项准备工作基本具备。

3. MTS 与 MTO 确定

根据 PQ 分析，确定哪些零件是 MTS 的，哪些是 MTO 的，这一工作非常重要，后续的超市计算将以此为基础。具体操作上，根据未来 1~2 年的预测和规划，对零件型号和数量进行分析，根据 80/20 原则，确定哪些是 MTS 零件、哪些是 MTO 零件。

4. 可用超市区域选择

梳理工厂内可选的超市区域，便于验证、选择。通常工厂内可以作为超市的区域并不是很多，可选择余地不大。

5. 制作货架物料

精益管、流利条、脚轮及相关连接件，或其他可调节形式货架物料。这些准备物料可以放在之前线边制作场地，也可以放在初步选定的超市区域。

6. 目视化相关材料

标识卡、各种颜色胶带等 5S 目视化材料。

5.6.2　超市大小计算

超市大小的计算是超市设计最关键的内容。经过计算得出超市中物料数量，再根据容器特点，设计放置物料的超市货架。

（1）数量计算：根据各种基础数据，计算每一种 MTS 所需的容器数量。在 5.5 节超市计算中已详述。

（2）货架设计

根据容器数量与容器尺寸，确定货架的尺寸（长、宽、高）。货架设计要注意以下几点：

1）通常货架放置 3~6 层容器，要基于容器特点和人机工程学进行具体设计。

2）根据实际情况对货架尺寸、容器数量、容器放置方向等进行调整，满足区域需求。

3）货架的最上层或最下层通常为空容器层，也可建立专门的货架放置空容器。

4）若容器为工装车形式，则初步考虑排列形式和面积需求。

5.6.3 超市布局设计

在完成了超市大小计算，并根据容器数量设计了超市料架后，下一步应对料架进行整合，进行超市布局设计。

1. 局部布局设计

1）MTS区域：每一种零件数量确定后，根据使用量、使用顺序、零件特点等进行布局设计，每种零件一个位置，形成MTS区域，图5-17为MTS区域案例。MTS区域在超市面积中占比最大，是布局设计的重点。

2）MTO区域：MTO零件在超市中不常备。在有订单时，上游工序根据计划进行生产，生产完成后，先放到超市的MTO区域，再配送到生产线。MTO零件完全根据订单生产，因此MTO区域在不使用时是空着的，多种MTO零件可以共用一个区域。

3）成套区域及成套放置区：成套区域设计在3.3节已讲解，将成套零件放置在一起布局，便于成套配备。超市中的成套区域还包含成套好的物料放置区域，图5-18为超市成套放置区域案例。

图5-17　MTS区域案例

图5-18　超市成套放置区域案例

4）其他区域：空车区与不良区。在超市中，要设定空车区和不良品区，集中放置空车和不良品。另外，还要设置缓冲区域，以应对特殊情况。

2. 超市区域选择

计算MTS区域、MTO区域及不良品、空容器区域及通道等区域等后，可计算出超市总的面积需求。在工厂内部寻找大小合适、环境合适的场地作为超市的地点。超市区域选择要注意以下四点：

1）接近线边的区域，便于配送和快速响应。

2）接近主通道出入口，便于进出。在图5-19所示的案例中，既接近线边区域又接近主通道，是较合适的超市区域，能天生减少很多物流浪费。

3）有时在仓库的旁边划出一个区域，作为超市区，以区别于仓库。

4）超市与仓库结合。将仓库立体货架的最下面一层，改造成超市，图5-20所示的案例中，将立体货架第一层改造成超市形式，具备超市特点，而上层保持立体货架为仓库形式。目前超市与仓库结合的形式应用较为普遍。

图5-19　超市区域案例

图5-20　超市与仓库结合案例

3. 整体布局设计

根据局部布局需求、选定区域特点、布局原则等，进行整体布局设计，必要时进行七种设计。超市整体布局设计要注意以下几点：

1）按水蜘蛛负责物料布置，在超市以最短的距离完成备料。

2）流量大的近出入口码头，减少物流距离。

3）成套放置，减少走动和寻找。

4）按发货单元布置，集中取放，也便于成套管理。

5）功能区清晰，各种功能区齐全、明确。

6）通道满足水蜘蛛小火车需求，能拐弯且100%安全。

7）有叉车设备运行时，前补后取，减少交叉，确保安全。

8）确保所有物料先进先出，这是超市基本特征。

9）利用原有仓储空间，减少场地占用与投资。

10）安全因素，水电气、消防等安全因素的考虑。

选定超市区域并进行布局设计后，要对5.6.2节中设计的超市货架进行更新，以适应布局的需求，如选择在立体货架第一层作为超市，则要根据立体货架的宽度来调整超市货架的长度，以更好取货和补充。

整体布局设计完成后，输出超市整体布局图，为下一步模拟做好准备。

5.6.4　超市货架制作与布局模拟

1. 超市货架制作

在确定了超市的布局，并根据布局调整货架尺寸后，团队自主利用精益管等材料制作超市料架，用真实的零件和容器进行验证，调整角度、高度等（图5-21）。在经过线边及工装车的设计与制作后，团队已经积累制作的经验，这一步骤会加快。

图5-21　团队自主进行超市货架制作与验证

2. 超市布局模拟

在各种料架制作完成或部分完成后，在选定的超市区域内进行整体布局模拟。以廉价、低成本方式，快速1∶1比例布置货架、通道、功能区等，并进行模拟。超市整体布局模拟要模拟与验证以下事项：

1）模拟水蜘蛛运行，观察路线是否能拐弯，是否100%安全。

2）验证各局部布局是否合适，是否便于操作，是否符合人机工程学。

3）验证整体布局是否合适，物流路线是否为最短，功能区是否齐备，能否顺畅流动等。

在模拟过程中，团队要不断发现问题，验证更新之前的设计，将更多问题暴露与解决在正式运行之前。

5.6.5　目视化、先进先出、安全对策设计

在进行布局设计的同时，要注意超市内目视化、先进先出和安全方面的设计。

1）目视化：在货架、地面、空中进行全面的浅层次目视化设计。如功能区、货架、地面标识、分类标识等。

2）先进先出：对于工装车类，考虑地面导轨等形式，确保先进先出。

3）安全对策：考虑超市的安全因素，如消防设施、通道宽度、人车分离等。

在图 5-22 所示的超市运行实例中，可以识别很多目视化、先进先出和安全的相关运用，如：多面镜、灭火器、人行通道、斑马线、地面产品标识、常规定位、水蜘蛛停车标识、反光马甲、安全鞋、工装车防护装置、先进先出轨道等。

图 5-22　超市运行实例

5.6.6　防错与快速响应设计

1）超市防错。在超市设计时，要考虑防错对策。目视化、标准作业、颜色标识是超市中常用的防错对策（图 5-23、图 5-24）。

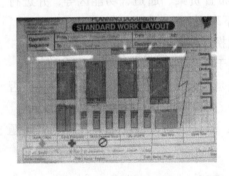

图 5-23　标准作业防错

图 5-24　颜色标识防错

为了防止物料拿错，在货架的每一层、每一个货位都需要进行目视化标识。更先进的防错方式是电子化（图 5-25），在每一个货位都有一个信号灯，扫描取料单后，对应物料的信号灯会亮起呈某种颜色，如绿色，水蜘蛛拿取零件后，按下信号灯，换成另外一种颜色，表示领取完成。这种电子化的防错方式，能避免相近件的拿取错误，也能减少员工的判断，简化取料工作。

2）快速响应。结合安灯系统，完善超市中与物料相关的快速响应机制，当发生物料问题如缺料时，水蜘蛛能快速响应，通过某种方式告知相关人员，同

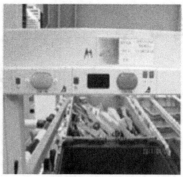

图 5-25　超市电子化防错

时相关人员根据响应计划，快速进行处理，图 5-26 为超市物料安灯系统与物料快速响应计划实例。

序号	快速反应-物料方面								
	问题描述	问题发现		影响哪方面	数量上限	反应			
		问题发生在哪	发现方式			职位	需要做什么	时间/min	联系谁	联系方式
1	缺少锥形套	仓库	备料	生产		仓管员	断料通知主管	0	物料主管	电话
						物料主管	查询断料原因和到货时间	30	生产计划	电话
						生产计划	接型	30	生产领班	电话
2	缺少静电铜丝	仓库	备料	计划		仓管员	断料通知主管	0	物料主管	电话
						物料主管	查询断料原因和到货时间	30	生产计划	电话
						生产计划	调整后续计划	30		
3	缺少电机	报关	报关中	交期		关务	通知物料延期	0	物料主管	电话
						物料主管	通知物料延期	5	生产计划	电话
						生产计划	开延期报告	10	客服	纸质报告
						客服	通知客户延期	5		

图 5-26　超市物料安灯系统与物料快速响应计划实例

　　在超市设计完成后，线边和超市这两个物料放置的地方基本确定，接下来需要进行水蜘蛛的设计，使两个区域的物料流动起来，再加上后续的信息流，整个内部物流体系才会形成。在内部物流各个模块建设完成后，随着水蜘蛛不断运行，超市也会持续进行改进，不断减少操作浪费、不断减少库存量。

第6章

水蜘蛛设计

在内部物流系统中，容器/工装车、线边、超市以及后续的看板和信息流装置都是一种实体存在，需要有"水蜘蛛"来进行操作。水蜘蛛通过规律性的循环，不断补充新的物料、收取完成的产品，是实现工厂内的 JIT 式物料处理的核心因素。

与工厂中的操作员工、质量员工、工艺员工一样，水蜘蛛也是工厂中的一种岗位，主要负责工厂中物料和信息的传递。运行中的水蜘蛛规律性地在物料超市和生产线边之间流动，确保在正确的时间提供正确数量的正确产品，就像血液循环系统一样将物料配送到需要的各个地方。

在内部物流的核心工具中，超市、线边、看板等是静止的，只有水蜘蛛是运动的，水蜘蛛通过其标准作业将内部物流的诸多工具串联、流动起来，发挥系统作用，实现物料和信息的快速、准确传递，因此可以说水蜘蛛是内部物流的灵魂。在前文中，将线边和超市称为内部物流设计价值体现，同样，本章的水蜘蛛也是内部物流设计的价值体现，这三者构成内部物流的核心工具。

本章向读者系统性地介绍什么是水蜘蛛，水蜘蛛的典型配置、人员选择与标准作业，重点讲解水蜘蛛的设计步骤和注意要点。

💡 6.1　水蜘蛛概述

兵马未动，粮草先行。在生产中，原材料、在制品、成品等物料需要在工厂内不断流动，生产看板、取货看板等信息也需要不断流动，在精益工厂中，将这些物料与信息的运输者称为水蜘蛛。本节将介绍水蜘蛛的定义、职责、设计目标等基础信息。

6.1.1　水蜘蛛的定义

水蜘蛛是工厂中专门从事物料和信息传递的一个岗位，日文中称作 Mizusumashi，英文中称作 Water Spider，国内直译为水蜘蛛，也称作转运工、物料员、配送员等。

水蜘蛛作为物流人员，他的装备不是传统的叉车，而是其专用装备——小火车。通常由牵引车和几节车厢组成，车厢内放置的是多品种、小批量的零件。水蜘蛛有自己的循环时间、循环路线和停止点：循环时间通常较短，目的是以更频繁的周期循环，加速流动；循环路线基于工厂布局和配送点来设计，目的是用最少的距离实现更多物料的配送；在停止点上，水蜘蛛下车将需要的物料配送到线边使用点，同时将空容器、包装物等收回，进行所有物料相关工作，使生产员工只进行生产有关增值操作。水蜘蛛的循环时间、路线和停止点上的工作，也即水蜘蛛的标准作业。通过执行和不断改进标准作业，水蜘蛛不断减少物流、信息路过程中的浪费。

图 6-1 为多个水蜘蛛实际案例。

图 6-1　水蜘蛛实际案例

这一概念可以扩展到外部物流使用。在内部物流中，水蜘蛛是到超市取料，按照一定的路线和时间要求，将物料配送到各个线边，实现 JIT 的物料模式。扩展到外部物流，水蜘蛛按照一定路线和时间到多个供应商超市取料，然后回到工厂补充内部超市，外部物流的水蜘蛛模式通常称为牛奶取货或循环取货，在11.2 节水蜘蛛的外延中有详细介绍。

6.1.2　水蜘蛛的职责

水蜘蛛是物流人员的一种，其主要工作职责是进行物料和信息的传递。

1. 负责物料的供应

这里的物料不仅指原材料，也包括过程在制品、成品、辅料及空工装、需退回物料等所有生产过程相关物料。在精益工厂中，生产操作员工只进行最增值的操作，跟物料有关的所有操作，都尽可能的转移到水蜘蛛岗位上来。水蜘蛛从超市中拿取物料，按照路线配送到线边，同时，将线边的空容器、线边的产成品及包装垃圾等取走，最终将成品放置到成品超市、空容器返回超市、垃圾按规定处理，完成一个个物流循环。

2. 负责信息的传递

物料流动一定对应信息流动，水蜘蛛同样要负责信息的传递。通过各种看板和信息流装置（在第 7 章、第 8 章中有详述）传递信息，指导产线生产和物料配送。在一个典型的精益内部物流系统中，甚至可以局部断开 ERP 等系统工具，完全由水蜘蛛进行信息的传递，控制定拍工序及上游供应商的生产。

3. 负责将物料配送到使用点 POU

这项职责实际上是物料供应职责的细化要求，也是水蜘蛛方式区别于传统物料配送方式的特点。水蜘蛛不仅要将物料配送到线边，还要配送到线边的增值区、使用点，使生产员工伸手可取；同时进行裸件配送，对配送到线边的物料，去除外包装、绑扎带等附属物，使员工不仅伸手可取，还可即取即用，不需进行拆包等工作，减少使用员工动作浪费。

6.1.3 水蜘蛛的设计目标

水蜘蛛的设计内容上，要设计其工装车、循环时间、路线、停止点和工作内容等。基于设计内容和工作职责，水蜘蛛的设计目标是实现多品种、小批量、高频次的 JIT 式物料供应与信息传递，具体来说有以下三个方面：

1) 多品种、小批量：利用小容器和工装车，实现多品种、小批量的物料配送形式。第 2 章的容器设计中，原则之一就是将大的、需要叉车运输的容器改成小的、便携的标准容器，之前设计的容器都会直接用到水蜘蛛的配送过程中，用小的容器、少的数量来实现多品种和小批量的要求。

2) 高频次：与生产线员工类似，建立水蜘蛛的循环时间，这一循环时间通常在 2 小时以内，最好为 0.5 小时或 1 小时，超过 2 小时则体现不出高频次的需求。水蜘蛛通过较短的循环时间，实现高频次的多品种、小批量运输。

3) 少浪费：一方面指通过配送到 POU、裸件上线等方式，减少生产线员工的动作浪费；另一方面指通过路线设计、工装车、停止点等内容，建立水蜘蛛标准作业，通过标准作业来减少水蜘蛛本身的浪费。

💡 6.2   水蜘蛛的典型配置

水蜘蛛要实现多品种、小批量、高频次的 JIT 式物料配送与信息传递，传统的物流装备很难实现，需要设计与配备合适的装备，本节介绍水蜘蛛的典型配置。

6.2.1   水蜘蛛的配置需求

水蜘蛛的配置需求有以下六个方面：

1）装载能力高且较少空载：水蜘蛛配置要有较大的装载能力，满足一个循环时间各种物料的需求。在较短的循环时间内，水蜘蛛需要配送的物料种类和数量是很多的，因此其配置要有较大的装载能力，同时能带回诸多空容器、包装物、缺陷零件等，减少空载。

2）能实现多品种、小批量：在高装载量的同时，还要满足多品种和小批量要求，满足不同的线边甚至不同生产线的多种物料需求。

3）较好的操作性：水蜘蛛需要频繁地从超市取料和到线边送料，因此其装备要有较好的操作性：①便于快速上车、下车；②便于物料容器的搬运或对接；③便于工装车的装车与卸车；④便于信息的传递与管理等。

4）较低的成本：能内部制作的，最好内部团队自己制作、使用和改善；同时设施设备维护成本要低。

5）安全和符合人机工程学：在各区域，特别是生产区域内运行时，要减少安全隐患，确保安全（人的安全、设施设备的安全、物料的安全）和符合人机工程学（避免弯腰、搬重物、行走距离远等）。

6）匹配线边和超市设计：线边和超市已经进行精益设计，水蜘蛛的配置要结合和利用两者的有利特征。

6.2.2 为什么不是叉车

传统的工厂内部物流采用点对点的叉车形式（图6-2），用叉车将大容器的物料配送到线边，然后返回仓库取另一种物料。

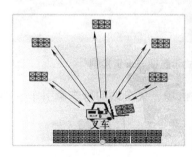

图6-2 传统物流点对点叉车形式

这种形式称作"滴滴快车形式"，是点对点的配送方式，这种方式在内部物流中存在诸多弊端：

1）一次一个托盘，只能配送一种型号物料，批量大、型号单一。

2）线边库存量大，物料使用时间长，一天甚至多天，占用空间。

3）大的容器、多的库存必然会产生弯腰、走动、寻找等动作的浪费。

4）叉车在生产区域内运行，存在安全隐患（精益内部物流的原则之一是不允许在生产区域内使用叉车）。

5）叉车采购成本高、维护成本高，其重要的提升功能在内部物流配送中未充分发挥。

6）换型时麻烦且花费的时间更多，需要用叉车将大容器取走，再配送新的大容器，在物料或工位多时，会导致换型时间更长。

叉车在原材料入库、成品出库及使用立体货架时经常使用，符合这些区域的提升、下降等要求，非常方便。但不适合在内部物流中使用，不能满足多品种、小批量、高频次的物流和信息流传递要求，因此水蜘蛛需要另外一种装备。

6.2.3 水蜘蛛的典型配置

在精益内部物流系统中，水蜘蛛模式的典型配置是小火车，这种模式称为"地铁/公交车模式"。相对于叉车，其在保持大容量（多个容器、多节车厢）的同时，实现多品种、小批量，可以在较短的循环周期内，一次配送多种型号的零件，并且容易操作、成本低、安全性好，因此在精益物流中广泛采用。图6-3为水蜘蛛循环模式示意图与配置实例。

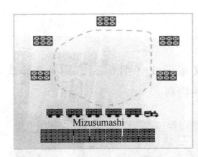

图6-3　水蜘蛛循环模式示意图与配置实例

生活中常见的这种水蜘蛛配置形式是机场、火车站的行李牵引车（图6-4）。

图6-4　机场、火车站行李牵引车

在水蜘蛛的典型配置中，主要有三部分：牵引车、车厢和连接牵引。

1. 牵引车

通常需要采购，根据内部物流的特点进行设计。牵引车根据牵引力的不同分为大、中、小型；根据驾驶方式的不同分为站立式、坐立式和走动式（图 6-5）；根据不同的工况有不同形式的轮胎、遮雨棚等不同配置。以下是对四种常见形式和配置的简单分析。

1）站立式：由于水蜘蛛在循环路线上需要频繁地上下车，因此经常采用站立式的驾驶方式，目前的牵引车技术如转弯自动限速等，也能保证站立驾驶的安全性。

2）坐立式：坐立式不适宜频繁起坐，通常在路线距离稍长、停止点较少的场合使用。

3）走动式：走动式成本最低，只起牵引的作用，水蜘蛛需要步行走动及把控方向，一般在距离较短、车厢需求拉力较小的情况下使用。

4）轮胎及其他配置：根据行走路线，如厂房内外、工厂内外等的情况，确定轮胎需求及防雨需求等，一般情况下牵引车适合在厂房内部平滑路面使用。

图 6-5　站立式、坐立式与走动式牵引车

2. 车厢

一般自制，根据零件的特点设计并制作适应零件的车厢。车厢一般分为两类，一类是多层放置容器型，一类是直接卸车型。在容器设计中，零件以标准盒子为容器的通常设计成多层容器型车厢，零件以工装车为容器的通常直接以工装车作为车厢，不再搬运容器，而是直接装车与卸车。

1）多层放置容器型一般放置可以搬得动的标准容器，水蜘蛛在超市搬到车厢上，到线边后，搬运或对接到线边，再将空容器收回，空容器同样放置在多层车厢内（图 6-6）。

2）直接卸车型是将零件工装车直接作为车厢，水蜘蛛从超市直接将车挂在牵引车上，到线边后，将车厢卸下配送到线边，再将空车挂到牵引车上带回（图 6-7）。

这两种形式需要根据零件的特点、配送周期、需求速度等进行设计，特别是对多层车厢，需要考虑层数、层高、顺序等，以更符合人机工程学，减少过程中的浪费。

图 6-6　多层放置容器型车厢

图 6-7　直接卸车型车厢

　　实际工厂中的水蜘蛛车厢一般会是两种形式的结合，总数量通常为 3～5 节。为了便于装车与卸车，通常在后部布置装卸型车厢，在前部布置多层容器型车厢（只搬运容器，不需装卸车厢本身）。水蜘蛛混合式车厢案例如图 6-8 所示。

　　在实际的项目中，多层容器型车厢一般用精益管来制作，可快速、方便地制作与调整，尽量不要一开始就用焊接的形式，因为改动的可能性非常大。对于直接卸车型的车厢，如果可以，尽可能利用当前工厂的工装进行改造，以减少成本。在如图 6-9 所示的案例中，就是将之前使用的工装安装轮子，并适当进行改造，节省了大量费用。

图 6-8　水蜘蛛混合式车厢案例

图 6-9　利用原有工装改造成车厢案例

　　目前市场上也有专门设计、生产水蜘蛛车厢的公司，其在可靠性、轮胎性能、转弯性能上都有很好的表现。如自己制作的工装车，拐弯半径可能会大些，在规划的路径上可能不合适，而图6-10所示的专业公司生产的前后轮联动式车厢，拐弯半径非常小。

3. 连接牵引

连接牵引是经常被忽略的一部分，牵引的好坏会影响到水蜘蛛的运行效率。设计制作牵引时要考虑连接与卸下时的方便性与可靠性。另外，还要考虑转弯半径，牵引的长度要超过车厢宽度的1/2，以确保能90度拐弯。图6-11为不同形式的牵引案例。

图6-10　前后轮联动式车厢

需要特别说明的是，连接在精益管工装车上的牵引同样具有很好的方便性和可靠性，如果车厢是精益管制作的，完全可以在精益管上进行牵引。

图6-11　不同形式的牵引案例

车厢、连接牵引及车轮的设计，有图6-12所示的经验数据参考，这样可保证火车的转弯半径最小。

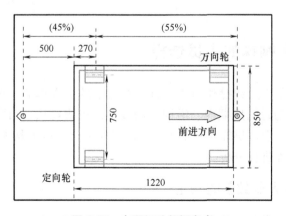

图6-12　车厢经验数据参考

6.2.4　水蜘蛛的其他配置形式

以上介绍的是水蜘蛛的典型配置，在实际的工厂设计中，要根据不同情况进行设计，如车厢设计成嵌套式，方便装车与卸车，减少搬运；在零件较小、较少时，不需要牵引车与多节车厢，水蜘蛛手动推动一辆工装车等。

1）嵌套式工装车：当车厢有较多节时，在卸满车和连空车时，因为空间和角度的问题，操作上会有一定的难度，有时需要弯腰操作或者用更多的时间。嵌套式是一种替代方案，图 6-13 所示的案例中，将工装车嵌入小火车的车厢中，卸车时，只需卸下工装车即可，牵引车厢框架不用进行拆卸，操作更方便。这种嵌套形式目前应用得比较多。

2）手推车式车厢：根据物料的种类、数量、体积、消耗速度等，有时候水蜘蛛并不需要多辆车厢，可能一辆就够了。这种情况下，水蜘蛛的配置就简单多了，就是一辆工装车（图 6-14）。

图 6-13　嵌套式工装车案例　　　　图 6-14　手推车式车厢

不管是哪种形式的配置，其根本出发点是实现多品种、小批量、高频次的物料配送，同时确保水蜘蛛以最少的浪费、在最短的时间内完成这种周期性循环。

💡 6.3　水蜘蛛的人员选择

水蜘蛛同其他生产线操作员工一样，有自己的标准作业，按照标准作业进行操作，在规定的时间周期内、沿固定的线路，将物料从超市配送到线边，将空容器返回超市。但水蜘蛛又有别于传统的操作人员，以下从人员数量的确定、人选及性别三方面进行分析。

6.3.1　水蜘蛛人员数量的确定

水蜘蛛人员数量与工作量成正比关系，根据工作量和循环时间，可得出初步的人员数量，这一过程，也是水蜘蛛设计的重要内容。

1）设定一个水蜘蛛的循环时间：如 30min 或 60min，进行计算和修正。这个循环时间在线边设计、超市设计中都已用到，水蜘蛛人员设计时用同样的数据。

2）计算搬运工作量：根据水蜘蛛循环时间，计算每个线边、每种零件在这一循环周期内消耗的容器/工装车数量，这一数量既是水蜘蛛在线边需要搬运容器/工装车的数量，也是需要从超市领取的数量。这一步是人数确定的重要一步，用来确定工作量。

3）汇总所有工作内容：在布局图上规划路线和停止点，列出水蜘蛛的所有工作内容，包括路途、上下车、送满容器、取空容器、处理逆向物流等。

4）测量工作时间：根据路线上所有的工作内容，测量所需时间，去掉非正常时间，改进并多次进行测量。得到准确数据的最佳方式是模拟整个过程，如果条件不合适，也可根据单次搬运时间与总次数相乘，再加上其他时间。

5）人数计算与调整：用总的工作时间除以设定的水蜘蛛循环时间，即为水蜘蛛人数需求。在实际运算中通常不是整数，需要根据结果进行调整。

水蜘蛛的实际循环操作时间在定义循环时间的 80% 左右为宜，如果测量时间在设定时间的 80% 左右，则合适；如果小于 80%，可适当增加工作量；如果超出很多，则需进行改善或增加人力，或者延长水蜘蛛的循环时间。

水蜘蛛人数的数量确定，也是一个平衡、调整的过程，根据水蜘蛛的循环时间、总工作量、路线、生产线情况等会对应发生调整；需特别说明的是，在内部物流实施初期，由于操作不熟练及各种异常，水蜘蛛工作负荷可能会高于80%，这时需要相关人员及时协助改善，降低水蜘蛛工作负荷。

6.3.2 水蜘蛛的人选

确定了水蜘蛛的人数，下一步就是选择水蜘蛛人员。与生产线的员工相比，水蜘蛛的工作难度和重要性要高于一般员工，因此要选择综合能力较强的员工来做水蜘蛛，这是出于以下四方面的原因：

1）循环时间长、工作内容多：生产线员工的循环时间通常以分钟计，在某些行业甚至以秒计，而水蜘蛛的循环时间最常见的为 30min 或 60min，较普通员工的循环时间要长，较长的循环时间意味着较多的工作内容，需要培训的时间也长，因此需要平常表现较好、学习能力较强的员工。

2）接触物料种类杂、数量多：在一个循环内，水蜘蛛可以配送的物料种类和数量很多，虽然在设计中，会采取如目视化、先进先出、防错等措施，但总会有问题发生，为最大限度减少异常，需要较出色员工。

3）信息传递复杂、重要：水蜘蛛不仅要配送物料，还要通过各种看板和信息流装置来传递信息，与不同部门沟通。任何一步的小失误，都会导致信息的延迟或缺失，因此需要优秀的员工来确保每一步的正确操作。

4）需要持续改善：水蜘蛛会有自己的标准作业，在标准作业基础上，仍有改善机遇，水蜘蛛人员要识别工作过程中的浪费，并协助消除浪费。持续改进也需要高水平的员工。

因此，水蜘蛛应选择生产线上综合能力较强的员工来担当，其对应的待遇也会更好些。在实际项目中，水蜘蛛通常也是一线管理者的后备人才。

6.3.3　水蜘蛛可以是女员工

国内很多的企业，物流人员通常是男性员工，一般认为物流的工作比较重、比较累，不适合女性员工。而精益内部物流设计中，核心的原则是实现物料的快速流动、减少库存和动作的浪费，因此首先的改变是小容器设计，当容器轻到一定程度，如小于10kg时，女员工完全可以担当，并且由于女员工具有耐心、做事细致，也有利于应对繁多的物料、有利于与不同部门和人员的沟通，图6-15为工厂中的女性水蜘蛛案例。

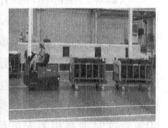

图6-15　工厂中的女性水蜘蛛案例

反过来，如果工厂的水蜘蛛由女员工来担当，也说明这个工厂的内部物流设计与运行的比较好，符合精益原则，是精益的内部物流工厂。

在前文水蜘蛛概述中也已提及，很多物流工具是静止的，只有水蜘蛛是运动的，通过水蜘蛛的运动实现物料和信息的流动，水蜘蛛是内部物流所有工具的灵魂。对应这一灵魂岗位，水蜘蛛人员自然也应当引起足够的重视，应配备综合能力较强的人员来担当，并进行充分的培训。

💡 6.4　水蜘蛛的标准作业

同生产线的操作员工一样，水蜘蛛也有自己的标准作业，通过标准作业来减少工作中的浪费。水蜘蛛像地铁或公交车一样，公交车有固定的循环时间

（通程时间）、有工作内容（上客、下客）、有规定路线和停止点（站点）。水蜘蛛的标准作业主要包括三方面内容：循环时间、工作内容和工作路线与停止点。

6.4.1 水蜘蛛的循环时间

水蜘蛛有自己的循环时间，通常水蜘蛛循环时间为 20min、30min、60min，在前文线边设计、超市设计和水蜘蛛人数计算中，也多次提及和用到循环时间的这几个选择，从以下角度分析：

1）主要是从减少库存角度出发，根据线边和超市计算公式，水蜘蛛循环时间短则对应线边和超市的库存会少。

2）便于水蜘蛛人员记忆，整点、半点易于记忆出发和返回时间点，管理者、生产员工也会大概判断要补料的时间。

3）循环时间超过 2h，线边库存则至少会是 4h（根据 4.3 节），水蜘蛛改善没有太大的意义。

4）设计计算中，循环时间与工作量、运行路线、容器容量、消耗速度、线边库存、车厢容量都有关系，需要平衡选择。

5）对于不同的物料类型/不同的水蜘蛛，循环时间可以不同，如某个水蜘蛛的循环时间为 30min，另一个水蜘蛛的循环时间为 60min。

水蜘蛛的循环时间确定后，其工作内容和工作量也就能随之确定，这两者是对应的。在最终确定循环时间后，根据 80% 负荷原则，调整其工作内容，在 6.5 节水蜘蛛设计步骤中有详述。

水蜘蛛根据标准循环时间运行，但由于容器的容量、零件消耗量、产线状态不同，水蜘蛛不同循环结束的时间可能会有所不同，有时提前，有时落后，这是正常现象。就跟公交车一样，公交车也会遇到多个红灯或者某一站点人特别多的情形。

1）落后完成时，可稍提高工作速度，但没必要快马加鞭，因为一方面设计时的工作负荷为 80% 左右，有宽裕时间；另一方面，通常当上一个循环工作量较大时，下一个循环的工作量会小些。

2）提前完成循环时，也没有必要立即开始下一个循环，等待正常的循环时间即可，因为线边设计会确保在下一个循环内线边不会缺料。

6.4.2 水蜘蛛的工作内容

水蜘蛛的工作内容简单来说就是按照一定的路线，从超市取生产线所需要的物料，将其配送到线边使用点，然后将线边空容器与信息返回到超市，再从超市取料的循环操作过程（图 6-16）。

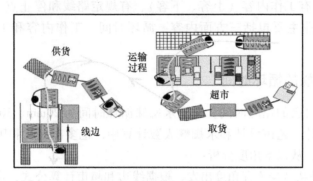

图 6-16　水蜘蛛的工作内容循环

1）取货：根据取货看板和顺序看板到超市中拿取需要零件，进行信息操作并返还空容器。

2）路途：沿规定路线、速度在路线上循环，在停止点进行操作。

3）供货：将物料配送到线边，同时收回空容器及其他逆向物料，进行相应信息流操作。

水蜘蛛的工作特点在前文已提及，对于工作内容需要特别强调以下三点：①要将物料配送到使用点，放在员工伸手可及的范围内，不需员工再走动；②要裸件上线，减少产线垃圾、减少员工动作浪费；③要将线边的包装材料（必须在现场拆的）等垃圾及其他逆向物流物料带回，统一放置到指定区域。

6.4.3　水蜘蛛工作路线与停止点

水蜘蛛有固定的行走路线，不能随意行走。工作路线要结合工作内容和工厂布局，设计适合水蜘蛛牵引车行走、能完成所有工作且距离最短的运行路线。同时设计在路线上的停止点，确保在停止点的位置，水蜘蛛向线边供料时走动的距离最短，图 6-17 为水蜘蛛路线与停止点案例，图中箭头表示行进方向，数字编号表示依次的停止点。

在确定了水蜘蛛循环时间、路线和停止点及工作内容后，管理人员、水蜘蛛和生产操作员工就可以预知其到达某一线边的大概时间，如在 9∶10 分会到达电机工位的线边、9∶25 分会在超市取料等。这样便于管理者了解水蜘蛛的动态，便于员工了解物料补充时间，有心理预期。更重要的是，便于水蜘蛛在任何停止点都可以判断本次循环的进度如何，以对应调整。

6.4.4　水蜘蛛标准作业案例

根据不同的实际情况，水蜘蛛标准作业也各有不同，如下为一个水蜘蛛的标准作业案例，表 6-1 为水蜘蛛作业指导书案例，图 6-18 为水蜘蛛标准作业表。

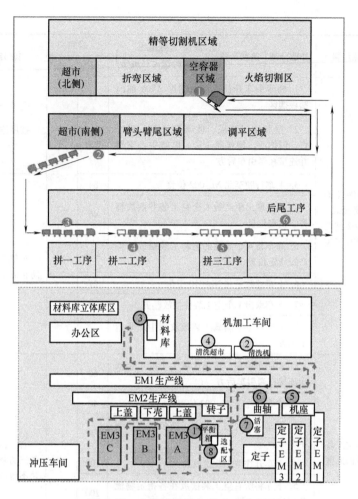

图 6-17 水蜘蛛路线与停止点案例

表 6-1 水蜘蛛作业指导书案例

物流水蜘蛛标准作业指导书（路线 1）							
名称	水蜘蛛标准作业表	操作人员	张明	总时长（h）	0.75	联系方式	×××
劳保用品	安全帽、绝缘鞋、工作服、手套	工种	牵引车工	技能等级	中级	操作资格	牵引车操作证
使用设备	电动牵引车	制定时间	19.06.13	修改时间	20.03.16	送料频次	1h/循环

班前：

1. 按规定穿戴劳保用品

2. 对牵引车进行点检：含电解液是否需加注纯水、电量是否充足、车轮是否完好、车辆表面是否符合 5S 要求

3. 检查今日第一次水蜘蛛循环的物料是否齐套

（续）

序号	作业步骤	作业分解（注意事项 1. 时速 ≤5km/h / 2. 转弯时速 ≤3km/h）	时间		操作要点
			s	min	
1	从 ZX04 取料配送至北 NL-002 到北 NL-010 工位	1. 将牵引车开往库区南棚库 ZX04 油门踏板摆区	12	10	按序连接
		2. 拉取油门踏板、玻璃升降器、车速灯、门把手、操作器工装、电器中心支架并连接在牵引车后方	220		
		3. 上车行驶至北 NL-002 位置	84		车辆停靠时注意防止通道堵塞
		4. 下车取出生产线 4 个空工装并摆放整齐、整理垃圾	46		
		5. 卸车将 4 个满载的物料工装摆放到生产线指定位置	100		
		6. 上车驾驶至北 NL-010 工位	27		
		7. 下车取出 1 个空工装并摆放整齐	40		
		8. 卸车将 1 个满载工装摆放到生产线指定位置	60		
2	回运空工装并返回库区	1. 牵引车掉头，将该区域 1 个空工装依次连接在牵引车后方	60	20	注意避让叉车，各三方物流公司工装不得放错
		2. 上车开往至 ZL-002 位置	40		
		3. 下车将该区域 4 个空工装依次连接到牵引车后方	136		
		4. 上车开往空工装摆放处	100		
		5. 下车将所有空工装摆放在各指定物流公司位置	200		
		6. 上车驾驶牵引车行驶到仓库 ZX04 区域	60		
3	前往南 NL-001	1. 拉取空调、油门踏板、操作器工装并连接到牵引车后方	130	25	拐弯注意减速、检查各空工装是否有料
		2. 上车驾驶至南 NL-001 工位	78		
		3. 下车取出空工装并把满载工装摆放到生产线指定位置，将空工装连接到牵引车后方	110		
4	回运空工装并返回库区	1. 上车行驶至空工装摆放区	90	29	注意规避叉车
		2. 卸掉空工装，并摆放在各三方物流公司指定位置	60		
		3. 上车行驶至 ZX04	60		

（续）

序号	作业步骤	作业分解（注意事项 1. 时速 ≤5km/h / 2. 转弯时速 ≤3km/h）	时间 s	时间 min	操作要点
5	前往南 ZR003 工位	1. 下车拉地毯、示廓灯、限位器工装，并连接到牵引车后方	130	35	检查物料数量、按序连接
		2. 上车行驶至南 NR-005	72		
		3. 取出 3 个空工装，并把满载工装摆放到生产线指定位置	180		
6	回运空工装并返回库区	1. 牵引车掉头，将 4 个空工装连接到牵引车后方	200	45	注意规避叉车
		2. 上车行驶至空工装摆放区	90		
		3. 下车卸掉门限器、示廓灯、操纵器摆放到凯马物流公司位置	190		
		4. 卸掉地毯空工装摆放到凯马车架物流公司位置	50		
		5. 上车由工装摆放区行驶至仓库 ZX04 区域，等待下一循环	50		

班后：

1. 检查线边货架是否满载
2. 检查线边工装是否摆放整齐，是否有需取回的空工装
3. 领取次日生产计划单并核对物料
4. 检查牵引车电量，如需充电，摆放在指定位置充电

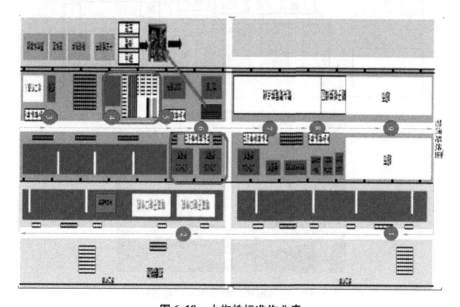

图 6-18　水蜘蛛标准作业表

6.4.5　标准作业的培训与改善

由于水蜘蛛循环时间较长、对应工作内容多、工作空间范围大、接触物料和人多，即使选择最好的员工来做水蜘蛛，培训的时间也会较长。在实际改善过程中，最好让水蜘蛛人员在前期即参加各种物流工具设计，熟悉具体细节，便于后面实际操作。

另外，当人员流动性较大时，可将文字/图片形式的标准作业指导书录制成视频形式，更便于水蜘蛛的快速培训。视频标准作业中，字幕为操作内容，同时可以边做边讲，并解释其中的关键点和关键点的原因，这样更有利于快速掌握。图 6-19 为视频形式水蜘蛛作业指导书截屏。

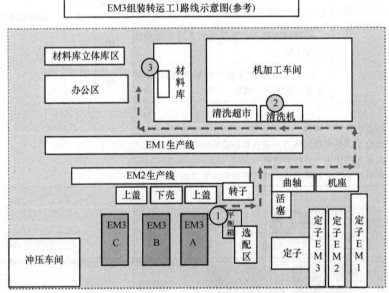

图 6-19　视频形式水蜘蛛作业指导书截屏

没有标准就没有改善，同生产员工的标准作业一样，水蜘蛛在根据标准作业操作的过程中，仍需不断进行改善，减少各处操作的时间，优化运行路线与停止点，不断形成新的标准作业。

6.5 水蜘蛛的设计步骤

水蜘蛛设计是内部物流设计中非常重要的工作，其设计不是一蹴而就、按部就班就能完成的，而是需要反复地平衡多个工具，与线边、超市、信息流等内部物流工具一起，不断进行优化，形成最佳方案。图6-20为水蜘蛛实际案例。

图6-20 水蜘蛛实际案例

6.5.1 水蜘蛛设计前的准备工作

开始设计水蜘蛛前，要检查确认以下内容是否已经具备：

1）PFEP：在经过前期的容器设计、线边设计、超市设计后，PFEP信息已越来越完善，数据也更加准确。

2）容器设计：容器的轻重和容量是水蜘蛛设计的重要输入之一。在前文容器设计和线边设计中，已对容器进行了设计与更新。水蜘蛛设计将直接利用这些容器方式，不需重新设计。

3）超市和线边：确保超市和各个线边已经准备好，减少水蜘蛛在这两处的操作时间，这也是运行水蜘蛛的前提条件。

4）水蜘蛛配置相关：精益管、流利条、脚轮及连接件等物料及工具，这些物料在容器设计、线边设计和超市设计中都使用过；牵引车及连接牵引件，这两项通常需要采购，最好提前购买。

6.5.2 水蜘蛛标准作业内容设计

在准备工作完成后，便可进行水蜘蛛标准作业内容设计，这些工作通常由团队以头脑风暴的形式进行，由于存在相互关联性，有些步骤会反复。以下为标准作业内容设计的六个步骤：

1. 第一步：确定循环时间

利用线边设计和超市设计中定义的循环时间，进行水蜘蛛人员的计算和复核，这一步与第五步会反复进行，并最终确定这一时间。然后基于新的循环时间，修正之前的线边和超市设计。

2. 第二步：列出工作内容

按照工作顺序，逐步列出水蜘蛛的所有工作内容，包括线边、超市操作和信息流操作等。

3. 第三步：计算搬运数量

根据循环时间计算水蜘蛛每次循环需要搬运的容器数量。首先计算在一个循环周期内，各线边所能消耗的容器的数量。在容器容量较大，线边在一个循环内消耗不了一个容器时，通常超过0.5的向上取整，低于0.5的，多个进行累加后超过0.5，向上取整。这样实际的工作量会小于设计工作量，但有助于水蜘蛛的工作均衡。水蜘蛛在线边的搬运数量，也即在超市的取料数量，水蜘蛛每循环搬运容器总数为在线边和超市搬运数量之和。

4. 第四步：时间测量

预估或测量每项工作所需要的时间，包括路途时间、上下车时间、配送满容器时间、返回空容器时间，超市取件时间和返还时间等所有工作内容所需时间。最后累积所有时间，即为水蜘蛛一个循环实际需要的时间。

5. 第五步：水蜘蛛人数分析

在6.3节水蜘蛛人员配备中也讲过，如果总时间在设定的时间的80%左右，则一个水蜘蛛可以完成所有工作，如果超出之前设定时间，则需进行调整。优先方案是增加一个水蜘蛛，保持最小的线边，但会增加人力和牵引设备，次之是适当延长设定水蜘蛛循环时间，优点是不会增加人力和设备，但增加了线边和超市库存量，需要进行平衡以确定最佳方式。

6. 第六步：路线与停止点规划

在工厂布局图上设计水蜘蛛循环路线和停止点，路线和停止点的选择要满足五个条件：

1）符合工厂布局条件，水蜘蛛能通过且安全，特别注意坡道、地面轨道、坑槽等。

2）路线上，使行驶的距离最短同时要考虑下车走动的距离，保证所有零件的供应。

3）停止点，在该处停车时，配送相关物料走动距离最短，最安全。

4）确保全程100%安全：包括工装车、物料、设施设备、人员等。

5）避免交叉：当多个水蜘蛛运行时，避免交叉或相向而行。

在完成上述内容后，形成初版的水蜘蛛标准作业，随着其他设计的进行不断完善。在经过多次模拟后，形成最新版的水蜘蛛标准作业。

6.5.3 工装车车厢及牵引设计

在6.2节水蜘蛛典型配置中，已详述车厢与牵引的特点，在完成标准作业内容设计后，需要进行车厢和牵引的设计。

1. 整体设计步骤及要点

1）对于工装车类，增加牵引装置，直接以工装车作为车厢（图6-21）。

图6-21　工装车为车厢设计案例（增加牵引装置）

2）对于盒子类标准容器，需要设计多层工装车作为车厢，建议以精益管形式快速搭建，这类车厢是设计的重点，根据线边补充数量和PFEP中容器尺寸，设计车厢的层数、层高和车厢数量（图6-22），下节单独介绍。

图6-22　标准容器型车厢设计案例

3）车厢间设计统一的连接牵引，注重安全、便捷的同时要保证能90度转弯，可参照图6-12的比例。牵引通常需要外部制作，可提前引入供应商，避免影响进度。

4）车厢的整体数量通常为3～5节，根据路线布局情况进行适当调整，调整内容包括但不限于车厢形式、尺寸、容量、车厢数量、循环时间、循环路线、水蜘蛛数量等，如当路线上不允许运行多辆车厢时，可将车厢分开两个循环运行，也即在水蜘蛛的一个循环中，沿两条路线进行循环，配送不同的物料，以满足现场布局的需要。这种现象在老工厂物流设计中经常遇见，由于布局不便调整，只能调整水蜘蛛车厢数量和运行路线。

5）车厢中物料的特性不同，完全对应设计的话，车厢的尺寸也会不一致。但在整体车厢设计时，车厢的外形尺寸最好保持一致，特别是长度和宽度上，除整体美观外，在拐弯半径、直线行驶等方面都有好处。这也体现出容器设计的原则，容器的规格型号数量要少。

6）对于逆向物流物料，通常可以直接利用车厢或设置专用区域，如红色区域；若需要，可设计嵌入垃圾桶等形式，图6-23所示案例即为在工装车下方嵌入了垃圾桶。

7）整体测试，确保整列车厢能直线行驶，没有蛇形；在设计的路线上进行模拟，确保行驶安全，如果不能保证100%的安全，则需调整路线，或者调整工装车的形式或数量。

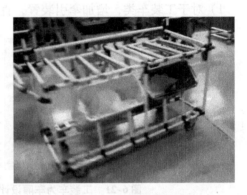

图6-23　嵌有垃圾桶式车厢案例

2. 多层容器车厢设计

多层放置容器的车厢是设计重点，需要满足放置容器的数量要求，同时还要安全和符合人机工程学：

1）确定外形尺寸：通常工装车的尺寸要小于800mm×1000mm，根据这一经验值及其他工装车的尺寸和工厂布局情况，确定多层车厢的基本外形尺寸。

2）计算容器数量：即6.5.2中第三步计算方式，搬运数量也即水蜘蛛车厢中需要放置的数量。实际使用数据要较计算数据大些，以应对不均衡的情况。

3）设计层高与层数：根据容器数量、容器外形尺寸和车厢尺寸，确定层数与层高；层数多时需要弯腰拿取，层数少时车厢容量较小，通常层数在3～4层；有时，在保证零件质量的情况下，可以将容器码放，以减少间隔，增加容量。

4）确定车厢数量：根据车厢容量与容器数量，确定车厢数量。需要平衡容器总量、人机工程、车厢整体数量和路线布局情况，确定最佳选择。

6.5.4　培训、模拟与试运行

1. 培训

经过前期的各种设计后，已经建立了线边和超市，并初步建立了水蜘蛛标准作业，物流流动部分内容基本完成，这时可与团队一起回顾与培训之前设计的内容，实践结合理论，形成系统性的认识。选择团队中合适的人员作为水蜘蛛，进行更深入的培训（图6-24）。

2. 模拟

在合适的场地进行模拟，不断发现问题并解决问题，优化操作步骤和路线，更新水蜘蛛标准作业（图6-25）。模拟是内部物流设计中的重要步骤，用水蜘蛛将各种物流工具串联在一起验证之前的各种设计，并最终形成最新的标准作业。

图 6-24　水蜘蛛培训

图 6-25　水蜘蛛模拟

水蜘蛛模拟要注意以下事项：

1）合适的场地：选择合适的场地进行模拟，最好在生产现场，或其他1∶1大小的场地。

2）初步标准作业：模拟之前，要有初步的水蜘蛛标准作业。

3）典型配置：至少车厢和牵引制作完成，车头可以用其他形式代替，如叉车或人力。

4）参与人员：项目团队及管理层参加模拟活动，提出改善建议。

5）模拟输出：模拟与改善后，要形成最新的标准作业，固化改善点。

关于水蜘蛛模拟的更多信息，在9.2节水蜘蛛模拟中有详述。

3. 试运行

在生产线中试运行时，由于人、机、料、法等方面的不成熟，水蜘蛛在循环过程中会遇到各种问题，最终导致的后果是不能按照循环时间完成配送任务。因此，在试运行过程中，设计人员要全程、全天候跟踪水蜘蛛运行，不断解决其遇到的各种问题，不断更新水蜘蛛的标准作业，直到线边、超市等物流工具正常运行，水蜘蛛能按照标准作业正常操作，并形成习惯。

6.5.5　目视化/安全设计

在模拟、试运行的同时，不断进行目视化/安全的工作，减少水蜘蛛循环过程中的浪费、降低安全风险。同时在每一次模拟过程中，也要不断强调安全。

1. 目视化设计

包括对车厢整体及各层、行走路线、停止点、标准作业等的浅层次快速目视化，图6-26为水蜘蛛的各种目视化案例。

1）车厢目视化：对每节车厢整体及车厢每层都可进行目视化，清晰标识，一目了然。如车厢对应哪条生产线或车厢布局图等。

2）行走路线目视化：可在行走路线上画出水蜘蛛行走标识与方向；若空间允许，进行人车分离，用不同颜色或标识区分车行道和人行道。

3）停止点目视化：在地面及空中线边上进行停止点的目视化设计，确保水蜘蛛在停止点停车时，配送物料走动的距离最短。

4）标准作业及相关资料的目视化：在牵引车头上，可设置区域放置标准作业及其他相关资料文件，并进行目视化。

图6-26　水蜘蛛的各种目视化案例

2. 安全设计

不断识别水蜘蛛运行过程中可能存在的安全风险并消除。

1）车厢特别是牵引的安全：车厢不要存在尖锐边角等；牵引是受力集中点，强度要够，并建立自主维护表，进行例行的检查。

2）牵引车安全：专人驾驶、停车落锁（运行过程中除外）、限速行驶（不超过5km/h，必要时可进一步限速）；注意充电区域的安全；牵引车通常采购时会自带警示灯，若没有可外加，并注意其良好运行；结合自主维护表进行检查。

3）物料安全：若容器码放在一起，需要注意不能污染及磕碰；在车厢周边建立不同形式的隔挡，避免滑落；对于不良返回零件，设置专门区域或专用颜色容器，并目视化，避免混乱。

4）设施设备安全：按规定路线行驶、按限速行驶，特别是在拐弯、上下坡、轨道、凹槽等处，减速慢行，避免发生磕碰，同时设置相应的目视化提醒。

5）水蜘蛛安全：按标准作业驾驶和操作。特别是停车下车时，要停稳后再下车；除常规个人防护装置外，可配备反光背心等装备。

水蜘蛛是内部物流的外在表现，是内部物流所有工具的灵魂，是流动生产的催化剂，其标准作业的优化过程也是生产流与物流的优化过程。

💡 6.6 AGV 形式水蜘蛛

6.6.1 什么是 AGV

AGV，通常也称为 AGV 小车，指装备有电磁或光学等自动导引装置，能够沿规定的导引路线行驶，具有安全保护以及各种移载功能的运输车。随着电子信息技术和仓储物流行业快速发展，AGV 小车的应用越来越广泛。

根据使用环境、载重需求、导向方式等，AGV 有不同的系列：如激光叉车式、小型仓储式、潜伏式、背负式等，图 6-27 为不同形式的 AGV 案例。

图 6-27　不同形式的 AGV 案例

6.6.2 AGV 形式水蜘蛛的优势与弊端

AGV 在仓储业、港口码头、机场、食品医药化工及危险场所和特种行业，应用非常普遍，在工业企业中，以 AGV 作为水蜘蛛也非常成熟，具有明显的优势：

1）自动化。AGV 最大的优势是自动导航，不需要人一直驾驶操作。由信息系统控制，采用电磁、激光或视觉引导方式，沿着固定的路线进行物流配送。

2）环境要求低、占用面积少。对环境要求低，高度、宽度、光线等要求较低，可适应人不能适应的环境；另外，拐弯半径小，占用空间少。

3）效率高：不受时间限制，可连续工作；使用电力驱动，环保无污染；可

111

自动充电，充电时间短，使用时间长；具备智能避让等安全措施，运行相对安全。

另一方面，AGV形式水蜘蛛也有一定弊端：

1）不满足多品种、多容器的配送需求。AGV更擅长整车的配送，对于容器类的配送，一是数量较多，二是需要将容器搬运到线边使用点，AGV不具有这个能力。

2）定位要求高：若需将物料准确配送到使用点，对AGV的定位要求高，否则，就需要有员工来进行定位工作，会打破员工的正常循环时间和标准作业。

3）异常响应能力弱。配送过程中的异常情况，水蜘蛛可以进行快速判断和响应，而AGV仅有配送功能，其灵活性和异常响应能力较弱。

在物料较多、容器形式较多、使用线边料架需要搬运的情况下，人员水蜘蛛较AGV更有优势；而当物料种类较少、较重、波动较小、定位要求不高时，采用AGV形式更适合。要根据实际情况判断使用哪种方式，通常也用两种形式的结合，即部分零件用水蜘蛛形式，部分零件用AGV形式。

6.6.3　全自动化配送

传统的仓库为固定立体货架，由人操纵叉车进行物料的放置与拿取。目前自动化程度高的企业开始建立自动化立体仓库系统，这个系统能够按照指令自动完成货物的存取，并能对库存货物进行自动管理，完全实现自动化作业，图6-28为自动化立体仓储系统案例。

图6-28　自动化立体仓储系统案例

将自动化的AGV运输，加上自动化仓库物料配备，进行系统整合后，简单来说就是全自动的物流配送系统：当线边需要物料时，发出需求信号，升降机自动从自动化立体仓库中选出所需物料，自动对接给AGV，然后AGV配送到线边。

这种方式打破了传统的看板信息传递方式和水蜘蛛循环配送方式，以电子形式传递信息、自动化方式进行配送，能实现更及时、更准确的JIT式物流配送。这种全自动的物流配送系统在很多企业已经开始实施运行。具体项目中，要根据不同的物料特点和生产特点设计适合企业特点的内部物流系统。

到本章为止，已经学习了容器设计、成套配送、线边设计、超市设计和水蜘蛛设计，这些工具都是物流相关工具，它们共同配合形成一个物料流动系统。从下章开始，请读者学习信息流工具，主要包括看板设计和信息流装置设计，它们共同形成信息流流动系统。

第7章

看板设计

看板是内部物流系统中信息的载体，各种信息通过看板，在水蜘蛛的操作下，从平衡箱开始，通过线边消耗，引起超市消耗，拉动上游工序生产，完成一系列信息传递，带动物料的消耗、生产和流转。看板与下章的信息流装置一起，构成内部物流系统中的信息流部分，通过水蜘蛛与物料流结合，形成完整的内部物流系统。

看板生产方式有时也称为看板拉动方式，同样起源于丰田汽车，是 JIT 生产方式的体现形式。大野耐一借鉴美国超市的方式，设计了后道工序去前道工序提取物料的方式，建立了物料超市，也对应建立了看板拉动系统（图 7-1）。"后道工序用完后，根据提取看板去前道工序超市领取，领取后形成生产看板，前道工序根据生产指令看板生产，再补充到超市，这是准时化生产的基本形态"，大野耐一在这一想法下，逐步形成了看板拉动系统。

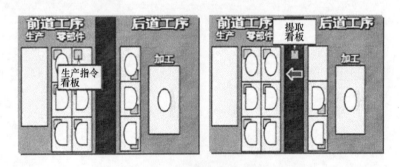

图 7-1　丰田的看板拉动系统

本章介绍看板的形态和内容，介绍两种主要的看板类型——生产看板和取货看板的使用循环，展示看板这一信息流载体如何与线边、超市和水蜘蛛等物流工具结合使用，形成物流、信息流闭环。重点介绍生产看板和取货看板的设计步骤，并根据实践经验，分享看板设计和使用过程中的要点，最后分享电子看板系统。

💡 7.1 看板的基本形态和内容

丰田的看板实际上就是一种实体的卡片，上面印有或写有一些物料信息，这张看板卡片通过水蜘蛛在工厂内部进行传递，实现信息传达的作用。看板的形态不限，只要能包括必要信息，各种形式都可以：可以是各种颜色打印、覆膜的，可以是标签纸，也可以是金属材质，只要适合工厂特点，流转方便即可。

看板上的基本信息有物料名称、型号、数量，这三点是任何形式或类型看板都必须包括的内容。也可扩展加入如超市地址、线边地址、订单号、图纸、照片、条形码等更多信息。图7-2为看板形态与内容案例，其中左图为一张纸质看板，内容较全面，右图为金属材质看板，内容仅包括名称、型号、数量等基本信息。

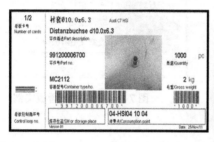

图7-2 看板形态与内容案例

需要特别说明的是，一张看板代表的是一个容器的零件信息，如一个标准塑料容器或一辆工装车上物料的信息，而不是具体某个零件的信息。因为在内部物流中，物料存储与传递的最小单位是容器，这也是要首先设计容器的原因。

💡 7.2 两种看板类型与看板循环

看板有两种主要的类型：生产看板和取货看板，顾名思义分别起指导生产和指导取货的作用。对应两种类型看板有两种看板循环，看板在各自循环内发挥作用。本节介绍的是这两种看板和它们各自的循环。

由于看板要与信息流装置同步使用，本节会提及多个信息流装置，如平衡箱、顺序器、批量管理器等，这部分内容将在第8章信息流装置设计中详述。

7.2.1 两种看板类型

1. 生产看板

生产看板又分为两种：组装生产看板和零件生产看板。

1）组装生产看板：组装生产看板显示要生产的产品名称、型号和数量，先由计划人员放置在平衡箱中，水蜘蛛将其最终放到组装线的顺序器中。与其他看板如零件生产看板或取货看板相比，组装生产看板对应的是产品，而其他看板对应的是各种零件。图 7-3 为组装生产看板实例。

2）零件生产看板：零件生产看板放置在超市物料容器中，显示零件的名称、型号、数量等信息，由水蜘蛛从超市中取出，先放在批量管理器中，待达到一定的批量后，再放置到生产线的顺序器中，生产完成后，再将零件生产看板放到零件容器中，再次返回到超市中，重复循环。图 7-4 为零件生产看板实例。

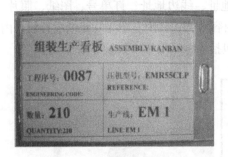

图 7-3　组装生产看板实例

图 7-4　零件生产看板实例

2. 取货看板

取货看板也分为两种形式：取货看板和顺序看板，对应着两种不同的线边补充形式（看板形式和顺序形式，在 4.3 节中有详述）。

1）取货看板：取货看板对应看板补充形式和看板零件，其从线边出发到超市，水蜘蛛根据取货看板上的信息拿取对应的物料容器，将取货看板放进容器中，再返回线边，取货看板在线边和超市间一直循环。图 7-5 为取货看板案例。

2）顺序看板：顺序看板对应顺序补充形式和顺序零件，其从平衡箱出发到超市，同样水蜘蛛根据顺序看板上的信息拿取物料并送到对应的线边，顺序看板由岗位员工进行回收，最终返还平衡箱处，重复利用。图 7-6 为顺序看板案例。

取 货 看 板	
WITHDRAW KANBAN	
零件名称： DESCRIPTION:	超市代码： SUPERMARKET CODE:
型号： REFERENCE:	客户代码： CUSTOMER CODE:
数量： QUANTITY:	

图 7-5　取货看板案例

顺 序 看 板			
名称	机座	**数量**	200
型号	EM3-200	**超市代码**	外-A3

图 7-6　顺序看板案例

7.2.2 两种看板循环

生产看板和取货看板，两者所包括的信息基本一致，但各自有各自的循环路线，不会交叉。生产看板在零件生产车间和超市间循环，通常称为生产看板循环；取货看板在线边和超市之间循环，通常称为取货看板循环。

两种循环及对应的看板在超市处有交换过程，但不会交叉混乱。在超市中，水蜘蛛根据取货看板找到物料，将取货看板放入容器中，同时将容器中的生产看板取出，放到批量管理器中。取货看板随容器再次进入取货看板回路，生产看板继续进入生产看板回路。第 8 章信息流设计结合信息流装置有对两种看板的操作详述。

两种类型的看板，在各自循环内运转，引起物流的各项活动。在第 1 章内部物流概述中，将内部物流分成四种活动，分别是客户消耗、水蜘蛛供货、水蜘蛛取货和供应商生产。看板的两种循环相应地为四种活动提供信息：取货看板循环对应消耗、供货和取货，生产看板循环对应生产。

另外，从防错角度，可用颜色、大小、形状等区分两种类型的看板，当一种看板进入另一种看板的循环内时，很容易被发现，避免信息失误。这一点在 7.5 节"看板设计、使用要点"中会提及。

💡 7.3 取货看板设计

7.1 节、7.2 节整体介绍了取货看板和生产看板及对应的两种看板循环，在 4.3 节线边两种主要补充形式计算中，详细介绍了两种线边配送方式：看板形式和顺序形式。本节和下节将在前序内容的基础上，详细介绍与线边配送有关的信息载体——取货看板，和与拉动补充有关的信息载体——生产看板，这两种看板的设计步骤。

7.3.1 确定取货看板形式

前文已述，同为取货看板，也分为取货看板和顺序看板，其对应看板零件和顺序零件。由于在线边设计中已经确定哪些是看板零件、哪些是顺序零件，因此在确定看板形式时，可直接利用之前的结果：看板零件对应取货看板，顺序零件对应顺序看板。

实际应用中，当看板数量较多时，经常会出现丢失、损坏、管理困难等各种问题，因此在设计时应尽量减少看板数量，在 7.5 节中有详述。

7.3.2 确定看板内容并设计样式

取货看板内容包括基本信息和扩展信息，一般根据企业实际的需求来确定。

基于目视化原则，关键信息要突出，以便于相关人员快速识别。图7-7为取货看板实例。

取货看板的形态不限，只要能包括必需内容，各种形式都可以。不管取货看板还是顺序看板，都是重复利用的，因此在设计形态时要注意可重复性，以免须经常更换。另外，顺序看板要在平衡箱、顺序器等信息流装置中使用，要注意结合这些装置的特点，以便于使用。

图7-7　取货看板实例

不同类型的看板尽可能用不同颜色、形状或大小来表示，以快速辨识错误；同类型的看板也要用大小、局部颜色、形状（如少一个角）等进行区分。

7.3.3　取货看板与容器的结合方式

取货看板与容器一对一配合使用，一张看板代表一个容器的零件。看板可以放置在容器内部，也可以卡在容器外侧，还可以粘贴在容器外侧，图7-8为不同结合方式的实际案例，自左向右依次为：放在专用看板小盒内、直接放在容器中、夹在容器外侧、与容器粘在一起。

图7-8　取货看板与容器的不同结合方式实际案例

在各种方式中，容器与看板可以分开的分离式，与容器与看板粘在一起、不能分开的结合式，是两种基本形式。表7-1为两种结合方式的利弊分析。在实际工厂使用中，分离式的结合方式由于更新维护方便，使用更多些。

表7-1　取货看板与容器结合方式对比表

结合方式	优　点	不　足
分离式	1. 相同容器可以通用，只要更换看板即可 2. 看板信息变化时，易于更新维护	1. 由于是分体式，看板易于丢失 2. 容器通用，有时会被挪作他用
结合式	1. 容器与看板合一，看板信息不易丢失 2. 容器专用，减少混用、乱用现象	1. 容器专用，不可挪作他用 2. 看板信息变化时，不便于更新

对于顺序看板，由于其不是一直在容器中，而是要在不同信息流装置间流转，因此顺序看板通常用分离式，看板直接放在容器内或夹在容器一侧。

不同的结合方式各有利弊，要从使用简单方便、不易丢失、补充方便等方面，结合企业特点，来确定看板与容器的结合方式。

7.3.4　看板数量的计算与制作

确定了零件的看板形式、内容和与容器的结合方式后，接下来需要计算取货看板的数量。看板的数量即是线边零件容器的数量，两者应对应一致（详见4.3 节线边两种主要补充形式及计算）。表 7-2 为两种形式取货看板的看板数量的计算公式。

表 7-2　两种形式取货看板的看板数量计算公式

取 货 看 板	顺 序 看 板
取货看板数量 =（2 个水蜘蛛循环时间/消耗循环时间×单台消耗量）/容器容量 +1	顺序看板数量 =（2 个水蜘蛛循环时间/消耗循环时间×单台消耗量）/容器容量

以上计算中，保险起见，都是向上取整数。制作时，取货看板数量即为计算数量，对于顺序看板，由于其不是一直在线边和超市循环，而是由生产计划人员放置在平衡箱中，由水蜘蛛人员周期性回收，因此制作时数量要大于计算数量，至少应满足平衡箱数量需求。

在看板的内容、样式、放置方式和数量确定后，即可制作各种取货看板（图 7-9）。制作样品后应对实际看板进行验证并改善。要注意保留取货看板的电子版文档，以便后续补充、更新时需要。

图 7-9　取货看板制作实例

💡 7.4　生产看板设计

生产看板的设计步骤与取货看板类似，下面介绍生产看板的设计步骤。

7.4.1 确定生产看板内容

1）组装生产看板：内容包括基本信息如要生产的产品名称、型号和数量，也可扩展加入其他信息。图7-10为组装生产看板实例，其中右侧为红色换型看板，以引起水蜘蛛和生产人员注意。

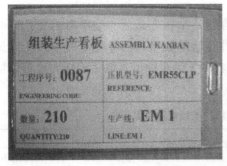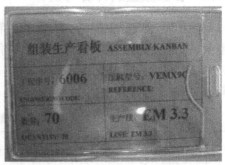

图7-10　组装生产看板实例

2）零件生产看板：如图7-11所示实例，该生产看板内容包括零件名称、型号、数量等基本信息。同取货看板类似，内容也可扩展加入如超市地址、图纸、条形码等更多信息，根据工厂的需求来确定。同样，基于目视化的原则，关键信息要突出，便于相关人员快速识别。

图7-11　零件生产看板实例

7.4.2 确定生产看板样式

生产看板的样式也不限，各种形式或材质都可以。不管组装生产看板还是零件生产看板，由于都是重复利用的，因此在设计样式时要注意可重复性。

需要特别说明的是，不同于取货看板，生产看板要基于使用过程循环来设计其样式。

1）组装生产看板：组装生产看板的起点是平衡箱、终点是组装线顺序器。因此，要注意看板样式与两种信息流装置的结合，要便于使用。

2）零件生产看板：零件生产看板的起点是超市，经过批量管理器，到达零件生产线顺序器，生产完成后再跟随零件返回超市。因此，要注意看板样式与容器、批量管理器和顺序器的结合。

7.4.3 生产看板数量确定与制作

1）组装生产看板：根据水蜘蛛的循环时间和换型的频次，确定每种产品的生产看板数量，每种组装生产看板最大数量为每日工作时间除以水蜘蛛循环时间（即一天不换型），在实际制作时，以最大数量为准。

2）零件生产看板：零件生产看板数量即超市中该种零件的容器数量。在5.5节超市计算中，已详细介绍超市大小计算，可直接使用相应的数据。在超市中的常备物料中，每个容器内都有一张零件生产看板。

在零件生产看板的数量与制作上，要注意以下四点：

1）在整体看板数量上，由于零件生产看板对应的是各种零件，组装生产看板对应的是产品，因此通常零件生产看板的数量要远大于组装生产看板的数量。

2）组装生产看板和零件生产看板由于要经过多个流程，需要不断进行流转，因此不适合固定在容器上。

3）两种类型生产看板要有明显区分，零件生产看板之间也要有不同，便于识别，防止误用。

4）通常看板内容都可以直接填上、制作后使用。对于某些零件或产品，可制作空白看板，使用时根据情况手工填写。图7-12为一手工填写零件生产看板实际案例，在型号和数量处空白，使用时填写，使用完成后可擦掉，重复使用。

图7-12　手工填写零件生产看板实例

在看板的内容、形式、数量确定后，即可制作生产看板。与取货看板和其他物流、信息流工具同步投入使用。

▽ 7.5　看板设计、使用要点

理论上，看板在整个内部物流系统中至关重要，在使用中不能出现任何差错，因为一旦信息流出错，对应的物流就会出错，最终导致生产线缺件。下面作者结合多个项目的咨询经验，从看板本身和看板系统两个方面，分享看板在设计和使用中的要点。

7.5.1　看板本身

看板用来传递信息，但若根据理论，全面铺开使用的话，每种型号零件都需要使用看板，每个容器中都有看板，会造成看板型号多且数量巨大。日复一日在使用过程中不可避免地会产生损坏、丢失、误操作等问题，而一旦看板丢失，就意味着信息的丢失。因此，看板本身要注意以下几点：

（1）减少看板的使用

减少看板数量，对应也能减少出错的可能性，从以下方面考虑：

1）根据计算公式，减少线边和超市数量，对应也就减少了看板数量。从公式的各个因子中考虑改善的可能性，如换型时间、水蜘蛛循环时间、容器大小、损失时间等。

2）对于顺序零件，可以用一张类似物料清单（Bill of Material，BOM）的顺序零件清单来代替多张的顺序看板。虽然理论上有缺陷，但实际中是一种可行的方案，相当于取消了顺序看板的使用。

3）将看板形式改为顺序形式进行配送，并结合上一条的顺序零件清单，可减少取货看板的数量。

4）对于看板上的零件，可用成套的方式，将多个零件作为一种零件来看待，减少取货看板数量。

5）考虑电子形式看板，使用电子形式可大大简化看板和其他信息流的操作流程，同时缩短响应时间，也更便于跟踪和数据处理。

6）依靠水蜘蛛经验来减少看板使用：在人机料法等方面较成熟的产线，可全部或部分用水蜘蛛经验，并辅以 BOM 清单来代替各种看板进行信息的传递。这种方式在实际项目中有很多运用形式。

（2）目视化

1）不同类型的看板尽可能用不同颜色来表示，能快速辨识错误。

2）同类型的看板也要用大小、局部颜色、形状等进行区分。

（3）定期盘点更新

1）在看板上增加数量编号，如1~20等，便于盘点更新。

2）不断对所有相关人员进行培训、检查。

3）对看板进行定期和不定期的盘点、更新，及时发现和解决问题。

7.5.2　看板系统

看板的使用要与信息流工具和水蜘蛛结合起来，看板不会单独存在，在其流转过程中，会有不同的载体，结合水蜘蛛和这些载体，使信息流动起来。看板与超市、线边、水蜘蛛及信息流装置共同运行，形成一个完整的系统。系统内，各工具相互作用、相互影响，共同使信息和物料顺畅流动起来。

因此，不能为了改善看板而改善看板，要在整个系统中改善看板的使用。这也再次说明了内部物流各工具的相互关联性。

💡 7.6　电子看板系统

实体看板系统在丰田及其他很多工厂都已成功运用。其在理论上非常成熟和完善，不需要借助软件系统即可实现工厂内部信息流的流转。但是，随着需求多样化的增加和加速，实体看板需要不断更新，需要大量时间来维护，同时，人员流动特别是水蜘蛛的流动也会影响看板系统的运行，不可避免会出现一些操作失误。

另一方面，电子信息处理方面发展迅速，高效、快捷且成本不高，它可以减少甚至消除实体看板运行中的一些问题。因此，近年来电子看板系统开始逐步发展运用。

7.6.1　电子看板拉动系统介绍

1. 电子看板系统定义

电子看板拉动系统，是将实体看板替代成电子形式，通过网络实现信息的快速、准确、及时传递，同时，扩大看板的功能范围，使物料在整个制造周期都可以进行追溯。

2. 电子看板系统的优势

用电子的方式代替人工和实体看板方面有诸多优势：

1）减少实体看板的复杂性、错误概率和工作量。

2）减少线边、超市、仓库及供应商处库存。

3）信息更快速、准确、易于分析利用及目视化管理。

4）全过程可跟踪。

5）优化供应链流程，减少牛鞭效应。

3. 电子看板系统设计内容

1）拉动系统可局部开展，也可全面开展。设计内容包括但不限于：容器/工装设计、线边设计、超市设计、水蜘蛛设计、仓库设计、看板设计、循环取货设计、出入库设计等。

2）可借助已有 MES 系统升级，也可开发新的系统。

7.6.2 电子看板拉动流程

图 7-13 为某项目电子看板拉动流程图案例，具体流程为：

1）生产公司在系统中定义看板物料。

2）看板物料的扫码或手动在系统中触发需求。

3）供应商能实时查询到客户的看板需求，组织生产。

4）供应商在系统中扫码或手工汇报完成状态和发货状态。

5）在电脑、手机端、车间电子大屏上能实时看到电子看板卡的运行状态。

6）通过扫码（手工）在系统中汇报物料收货，以及完成上线操作。

7）看板物料的状态可以在系统中查询。

8）系统中可查看系统报表分析功能。

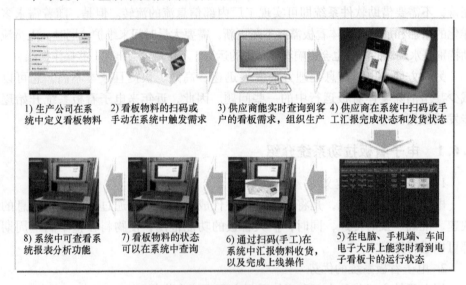

图 7-13　某项目电子看板拉动流程图案例

7.6.3 电子看板拉动功能架构

图 7-14 为电子看板拉动系统功能架构图案例，包括各功能模块、子模块和功能描述等。

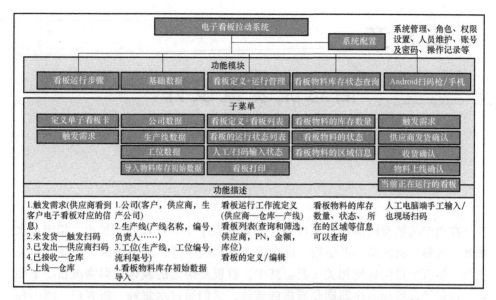

图 7-14　电子看板拉动系统功能架构图案例

电子看板系统在许多工厂已经运用，在导入电子看板系统时，应注意以下事项：

1）满足实体看板系统的功能，最好在设计前进行看板系统的培训或者运行一段时间的实体看板系统。

2）发挥电子系统作用，如实体看板很难进行实时跟踪和数据处理，而电子系统就非常容易实现；再如实现电脑、手机、显示屏等更广泛的目视化。

3）改善功能，这是非常重要一点，实体看板改善可促进不断减少超市、线边物料数量，减少看板使用，取消批量管理器等。运用电子看板系统时也要体现这一功能，不断优化流程，促进改善。

第 8 章

信息流装置设计

在典型的精益内部物流系统中，主要有九个工具：容器、线边、超市、水蜘蛛、看板、物流箱、平衡箱、批量管理器和顺序器。其中前四个是物流相关工具，后五个是信息流相关工具。其中，看板是信息的载体，而物流箱、平衡箱、批量管理器和顺序器则是看板的载体，它们通过水蜘蛛，将客户、超市和供应商联系在一起，使物流和信息流顺畅运行。由于四个看板载体都是具体可见的实体装置，因此也称它们为信息流装置。

本章将主要介绍四个信息流装置，以及这些装置与看板组成的信息流系统。

💡 8.1　物流箱设计

物流箱是信息流系统中第一个信息流装置，是月度生产计划的实体体现，使用来平衡每日的产能和需求、平衡数量和型号的一个工具，以使产线产能负荷平稳，确保产线以最佳的人数、最佳的平衡率进行标准的操作。这也是均衡化生产的第一步体现，在 11.1 节均衡化生产中将详述。

物流箱的示意图和实际案例如图 8-1 所示。

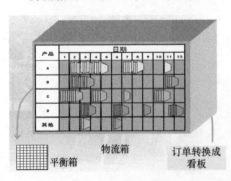

图 8-1　物流箱的示意图和实际案例

典型的物流箱就是一个实体的箱子，生产计划人员将客户订单转换成生产看板，根据产能的大小来平衡每日的需求，也即每日的产能是大体一致的，削峰填谷，当实际需求大于产能时，用库存来满足需求，当实际需求小于产能时，多余的产出作为库存。另外还要对型号进行均衡，以减少牛鞭效应。

8.1.1　物流箱内容

1）上部：在图 8-2 所示的物流箱实例中，上部内容为日期，一列为一天，最多一个月，由于时间越长订单变化越大，越不准确，因此总时间有时也可以是三周或两周。

2）左侧：左侧信息为线别或产品别，代表不同的生产线或产品。

3）中间：中间内容为装配生产看板。对于线别的平衡箱，中间一格即放置该线一日所需生产的看板；对于产品别平衡箱，中间一格即为该日所需生产的该产品看板，全列相加，即为该日生产线所需生产的所有看板。不管是哪种形式，看板的总体生产量不能超过约定的产能数量。

4）下部：由于装配生产看板是重复使用的，因此通常在物流箱的下部，设置看板存储区域，放置重复使用的生产看板。

图 8-2　物流箱实例

8.1.2　物流箱使用流程

1）当需求更新时，将订单转化成生产看板，根据交期放入没有排满的日期内，若某日的物流箱已经排满，不能再放入看板，特殊订单除外。

2）平衡每日的产量、型号和数量，使之更均衡。

3）生产当日，生产计划人员将对应物流箱中的生产看板取出，按照一定规则将看板放置到生产线平衡箱中；若当日未完成生产计划，则需根据规则进行调整。

4）返回的生产看板集中放置在物流箱底部或附近存储处，循环使用。

8.1.3　物流箱使用要点

物流箱使用要注意以下五点：

1) 订单顺序：物流箱中每日的看板是没有先后顺序的，仅符合产能约定即可，在放入平衡箱后，由产线生产计划人员排列具体顺序。

2) 负责人员：物流箱的负责人员是生产计划人员，需要根据产能、交期、库存量、优先性、均衡化等方面，确定看板放置位置。

3) 预留产能：物流箱中会预留一定产能，如 5% ~ 10% 作为应急产能，来应对插单情况或生产异常情况。

4) 变更评审：如需改动已经放满的某日看板，特别是已经锁定的计划，需相关方如计划、销售、生产、采购等进行评审确认。

5) 电子形式：由于需求的不确定性，物流箱中的看板可能会经常进行调整，因此，物流箱也可采用电子版的形式，更便于频繁调整。

💡 8.2　平衡箱设计

平衡箱是一个实体的信息流装置，是用来放置水蜘蛛循环时间别生产计划的地方，用来控制一天内，每个水蜘蛛循环要生产的产品型号和数量，实现产线的均衡化生产。物流箱为第一步均衡，平衡箱为第二步均衡，也是最终的均衡，以使产线产能负荷平稳，确保产线以最佳的人数、最佳的平衡率进行标准化操作。图 8-3 为平衡箱示意图和实际案例。

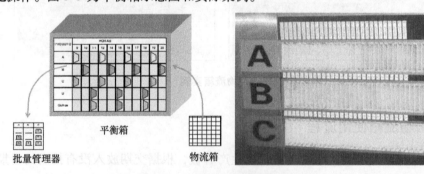

图 8-3　平衡箱示意图和实际案例

平衡箱每列的时间即为一个水蜘蛛循环时间，水蜘蛛每个循环开始，从平衡箱中拿取看板，开始内部物流运行，结束一个循环后，返回平衡箱。

8.2.1　平衡箱内容

1) 上部：如图 8-4 所示，平衡箱的上部内容为时间，显示从上班到结束的时间，每个时间间隔为水蜘蛛的循环时间，这一时间在第 6 章水蜘蛛设计中已确定。

2）左侧：左侧信息为线别或产品别，代表不同的生产线或产品。

3）中间：中间内容为装配生产看板和顺序看板。装配生产看板为在这一个水蜘蛛循环时间间隔内，所要生产的产品名称、型号和数量；顺序看板则显示生产这种产品所要准备的顺序零件信息。

4）下部：由于生产看板和顺序看板都是重复使用的，因此通常在平衡箱的下部，设置存储区域，存储生产看板、顺序看板及其他相关信息。

图 8-4　平衡箱内容

8.2.2　平衡箱使用流程

平衡箱的使用涉及两个岗位，生产计划人员和水蜘蛛人员。生产计划人员负责排布平衡箱中看板和顺序看板；水蜘蛛人员则从平衡箱中拿取两种看板，开始物料流与信息流操作，如图 8-5 所示为使用中的平衡箱案例。

图 8-5　使用中的平衡箱案例

1）生产计划人员在开班前，结合产线的人、机、料、法、环等情况，将日生产计划看板及顺序看板对应时间顺序放到平衡箱内；放置前，特别要确保顺序零件已经在超市已有，这里的有不是系统中有，而是超市中实际有，若缺料则不能安排平衡箱。

2）水蜘蛛人员从平衡箱处拿取装配生产看板和顺序看板，根据顺序看板上的信息，到超市取顺序零件，配送到线边，将装配生产看板放到生产线的顺序器上。

3）水蜘蛛回到平衡箱处，重复循环。

4）装配生产看板最终由生产员工处或成品超市返回，顺序看板由水蜘蛛集中返回。

8.2.3　平衡箱使用注意事项

平衡箱使用要注意以下五点：

1）起点和终点：平衡箱是水蜘蛛循环的起点和终点。水蜘蛛人员从平衡箱拿取生产看板和顺序看板，开始物料流和信息流流程，完成一个操作循环后，返回平衡箱。

2）放置位置：通常平衡箱放置在生产线附近，而不是超市附近，便于生产管理人员及员工参考，这也是目视化的一种体现。

3）异常情况：若因生产线异常，上一个循环的生产看板和顺序零件没有补充到生产线，则水蜘蛛下一个循环不再拿取新的装配生产看板和顺序看板，继续配送上一个循环的看板及顺序零件。

4）目视化作用：平衡箱也可以起到目视化作用：①生产员工可以清楚地知道今天的生产计划；②放入平衡箱中的生产计划，必须是物料已经实际齐备的；③生产线的异常与否通过时间与看板的对应也能有所了解。

5）建立时机：当线边、超市、水蜘蛛、看板基本设计完成后，便可进行平衡箱的设计。平衡箱一定要配合水蜘蛛和看板使用才发挥作用，单独建立平衡箱的意义不大。

💡 8.3　批量管理器设计

批量管理器用来放置超市零件被取走后产生的零件生产看板，以形成一定的批量，控制上游工序的生产。

8.3.1　批量管理器的作用

在内部物流系统中，水蜘蛛利用看板进行上下游工序的信息传递，一张生产看板代表一个生产指令。但在很多情况下，由于上游工序换型能力或换型成本等原因，并不能完全按照看板一张一张地生产，需要将同型号看板进行累积到一定数量后，才批量进行生产，以减少换型次数，满足产量需求，这一数量有时也称为经济批量。

批量管理器的作用就是累积生产看板到一定数量，即达到经济批量，水蜘蛛才将看板转移到生产线的顺序器中进行生产。批量管理器就是控制这个经济批量的实体装置。

8.3.2　批量管理器的设计与体现形式

批量管理器的设计主要有以下两步：

1）计算零件的批量。批量数值在超市计算时已经计算过，在批量管理器设计时，可以直接用相应数据。

2）建立实体装置并目视化。批量管理器通常放置在超市附件，便于水蜘蛛的操作，拿取生产看板后，可以直接进行操作，避免遗忘或走动。

批量管理器的形式不限，但要满足两个要求：①满足控制批量的要求，这是基本要求；②水蜘蛛操作方便，尽量简单，避免思考、判断等，以减少出错。

批量管理器常见的形式为插槽式，图8-6为插槽式批量管理器示意图和实际案例。示意图中，如果批量是4，则保留3个插孔位置，当水蜘蛛拿着第4张看板想插时，已经没有地方，表示已到批量值，可以进行下一步操作，这是利用防错方法减少需要水蜘蛛记忆的内容，避免出错。

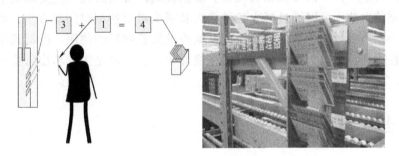

图8-6　插槽式批量管理器示意图和实际案例

图8-7为高度式批量管理器实例，即设定一定的高度（批量数量减1乘以看板厚度），当看板放满后，说明到批量了，水蜘蛛将所有看板拿出，放到上游工序顺序器中。

8.3.3　批量管理器的使用流程

图8-8为批量管理器的使用流程示意图，能直观看出其使用流程。

图8-7　高度式批量管理器实例

1）水蜘蛛在超市中取料时，产生零件生产看板。

2）将零件生产看板放在对应型号的批量管理器中。

3）达到批量后，将批量管理器中的所有生产看板取出，放到上游工序的顺序器中；若未到批量，则不进行操作，水蜘蛛继续其他工作。

4）重复上述循环。

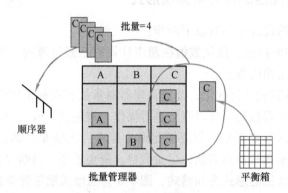

图 8-8　批量管理器的使用流程示意图

在批量大于等于 2 的情况下才使用批量管理器，如果批量是 1，则意味着一张看板即可生产，不需要批量管理器。根据公式，批量的大小主要取决于可以用来换型的次数，可以通过减少各种损失和减少单次换型时间等方法，减少批量的大小。当批量减少到 1 时，就可以取消批量管理器的使用，也就意味着生产的柔性很高，可以根据客户需求频率换型生产，这也是生产和物流管理追求的目标。

💡 8.4　顺序器设计

顺序器是用来放置生产看板的地方，其目的是控制生产线按照先进先出的要求进行生产。

8.4.1　顺序器的组成

典型的顺序器由倾斜交叉的滑道与看板组成，倾斜是便于看板的先进先出，交叉是为了将空挂钩或空看板盒返回；顺序器中放置的看板为零件生产看板或装配生产看板，对应来自于批量管理器或平衡箱，都由水蜘蛛放入。图 8-9 为顺序器示意图和实际案例。

8.4.2　顺序器的使用流程

图 8-10 为使用中的顺序器实际案例，顺序器的使用流程如下：

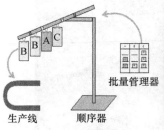

批量管理器

生产线　　顺序器

图 8-9　顺序器示意图和实际案例

1）水蜘蛛在外侧将生产看板放入倾斜方向第一个空着的小盒或挂钩上，确保先进先出。

2）生产人员在内侧，拿取第一小盒或挂钩上的生产看板，将挂钩或空盒返回。

3）生产人员根据看板内容进行生产，若没有看板则不生产。没有看板就不生产是看板拉动系统的基本原则，否则就会造成过量生产的浪费。

4）生产看板最终放入生产完成的产品容器中，与容器一起放入超市。

图 8-10　使用中的顺序器实际案例

8.4.3　顺序器使用要点

1）放置位置：顺序器通常放置在生产线的起始处，便于第一个岗位员工拿取使用。与线边的 POU（Point of Use，配送到使用点）原则类似，生产看板应接近生产员工处，便于拿取使用；空看板盒则反向，便于水蜘蛛使用。

2）顺序使用：看板的顺序反映的是超市需求的顺序，因此无论是水蜘蛛还是生产员工，都应该按照顺序放置和使用看板，这也是顺序器的根本作用所在。

3）防错对策：为确保先进先出，设计顺序器时，可以采用一些防错措施，减少疏忽造成的非顺序使用。在图 8-11 所示的顺序器防错运用案例中，在滑道末端留出空间，看板只有在滑道末端才可以拿出，中间不能拿出，以此确保先进先出、顺序使用。

4）目视化：顺序器也是很好的目视化工具，可以反映出后工序及自身的生产情况。图8-12所示为顺序器的目视化功能案例，在右边案例中，其在斜杆上顺序涂有红、绿、红两种颜色。若生产看板处于前端的红色区，说明本工序即将完成所有订单，可能

图 8-11　顺序器防错运用案例

会待工，能推断出下游客户消耗异常，没有生成订单；若生产看板处于中间绿色区域，说明本工序及下游客户生产正常，订单正常；若生产看板处于后端红色区域，说明本工序看板消耗变慢，生产异常，需要关注本工序的生产问题。这些异常都应建立对应的快速响应计划（详见10.3节内部物流的异常反馈机制）。

图 8-12　顺序器的目视化功能案例

在图8-12的左边案例中，是1#和2#两条线的顺序器，倾斜方向上分别标识了超前、正常和延误三种状态，其中延误部分又划分成延误1h和延误2h（根据看板消耗速度和批量值可以计算出延误时间），更是直观反映出了生产的进度。

5）其他形式：顺序器的目的是确保生产能够按照一定的顺序，先进先出生产，具体表现形式没有限制。在有些情况下，也可以不建立实体的顺序器，而直接将生产看板放在较大的零部件上，如结构框架等，以此作为顺序器。

🔆 8.5　信息流系统

到本节为止，已经学习了内部物流中的全部核心工具：容器、线边、超市、

水蜘蛛、看板、物流箱、平衡箱、批量管理器、顺序器等，将这些工具按照相互关系整合在一起，就形成了信息流系统。

8.5.1 信息流系统构成

第4、5、6章讲述了物流的核心工具——线边、超市和水蜘蛛，第7、8章讲述了信息流的核心工具——看板和各种信息流装置。将物流与信息流结合，即形成信息流系统，由于其外在表现是物料在流动，有时也称为物流系统，实际上这就是整个内部物流系统。

图 8-13 为内部物流系统图。在这个系统中，包括物流流程和信息流流程：最初的客户订单被转换成看板，开始使用物流箱，然后分解成平衡箱，引起线边物料消耗，产生取货看板；到超市取料后，又产生生产看板，通过批量管理器传递到生产顺序器，零件生产员工根据顺序器看板信息开始生产，生产完成后送到超市，从超市被水蜘蛛取料、配送到线边，进而被装配使用，完成一个个紧密关联的物料与信息流动。

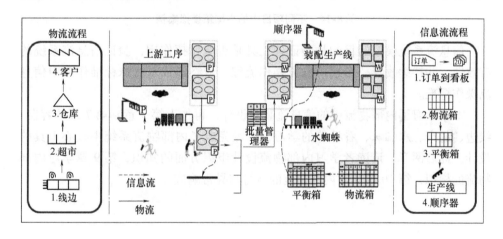

图 8-13　内部物流系统图

我们再来回顾一下大野耐一的 JIT 具体化方式："借鉴美国超级市场的原理，提出了后道工序去前道工序领取物料的方法，将以往的推进式系统进行了 180 度的大转弯，改为牵引式系统。为明确后道工序需要提取什么样的零部件，建立了取货看板，当零部件用完后，就用取货看板到前工序领取。同样，在前道工序设置了生产指令看板，这样物料被提取后，只生产被提取的物料即可。这就是准时化生产的基本形态。"本书讲述的内部物流系统，就是 JIT 准时化生产基本形态的具体体现。

兵马未动、粮草先行，粮草未动、信息已动。信息的流动引起物料的流动，两者相互作用，共同形成内部物流系统。

8.5.2　信息流系统模拟

单个工具的完美不代表系统的完美，系统有效性更值得关注。在初步设计、制作了各种看板和信息流实体装置后，可进行信息流系统的模拟。在信息流系统模拟中，虽然也会涉及物流，但更偏向于信息的流动，具体在9.3节信息流模拟中有详述。

图8-14为不同项目中的平衡箱模拟案例。

图8-14　不同项目中的平衡箱模拟案例

信息流系统模拟的目的是验证各工具是否能发挥作用，验证信息流系统的有效性，并持续改善，形成信息流操作流程，最终形成水蜘蛛标准作业中信息流操作标准。

本章学习了内部物流中的信息流装置设计，再加上第3章到第7章的容器、线边、超市、水蜘蛛、看板等的学习，已经完成了内部物流系统中核心工具的设计。此后两章，请读者学习内部物流设计组织方面的知识，第9章学习内部物流的模拟，第10章学习内部物流的运行与异常响应。

第 9 章

内部物流的模拟

在内部物流各工具设计完成后，并不是能马上投入运行，因为设计与实际运行还有差距，未经验证就投入运行有较大的风险，因此通常在各工具设计初步完成后，需要进行多次的模拟，验证设计的效果。这种快速度、低成本、行之有效的模拟可称为"Moonshine"。实际上，Moonshine 有更广泛的范围和含义，本章重点介绍 Moonshine 在内部物流设计验证阶段的应用，即内部物流的模拟，介绍以水蜘蛛为主线的物流部分模拟和以看板为主线的信息流部分模拟，以及系统性的整个内部物流系统模拟。

💡 9.1　什么是 Moonshine

9.1.1　Moonshine 的由来与定义

Moonshine（月光工程）成型于 20 世纪 90 年代初的一次生产准备流程改善活动。当时日本精益顾问中尾千寻在位于美国的丹纳赫捷克波斯夹头公司进行辅导，设备维护经理讲了南卡罗来纳州禁止酿私酒，他们却在夜里月光下，利用简陋的工具私自酿出美酒的故事，中尾先生很快意识到这可以与生产准备流程（Production Preparation Process，3P）搭配使用，经过整理和开发，把 Moonshine 定义为打造精益工厂的利器，于是精益里面的月光工程就产生了，中尾千寻先生也被称为月光工程之父。

Moonshine 是基于精益的原理原则，利用员工的智慧，通过头脑风暴和尝试风暴，快速地实现设计和模拟，并利用身边廉价的材料，自己动手搭建所需要的设施装备，实现低成本、快速度且适合自身现状的改善活动。

在精益改善活动中，当实施改善需要制作一些工装的时候，很多公司的做法是让职能部门进行设计，然后找外面供应商来制作完成。这种做法一般会存在成本高、审批周期长、沟通周期长、多次返工修改、员工参与度低、买回来现场不适用等问题。而 Moonshine 的改善模式，要求员工去识别存在的问题，采用头脑风暴和尝试风暴的方式进行设计，并由员工自己来利用低廉的材料动手制作所设计的工装，然后员工进行模拟和使用，并在使用过程中快速反馈和及时调整。这种方式的改善速度快、效果好、费用低，更重要的是员工全程参与其中，改善的热情也更高。

月光工程强调利用精益智慧打破环境限制，激发全体员工的创造力和行动力，它是对丰田现地现物造物育人的改善方式和洛克希德·马丁臭鼬工厂为代表的创新思想的结合和升华。

9.1.2　Moonshine 基本原则

Moonshine 有两个基本原则：行甚于言和以智取胜。

1. 行甚于言

改善活动一定要落实到具体的改变上，真正的改变，不是讲了什么，而是做出了什么。乔布斯曾经说过，团队中那些想用 Keynote（类似 PPT）来证明自己的人只能说明你不行，请拿出实际解决方案。计划如果脱离了现状的问题和实施的能力，就像空中楼阁一样，只能看起来很美，倒不如扎扎实实地制订可执行的计划。而且，改善取得的成果也必须是现场落地的，只有这样企业和员工才能真正从改善中获益。

行动才是真正的实践，行甚于言是月光工程改善的首要原则，到现场去，用脚去观察、用手来思考，不行动一切等于零。

2. 以智取胜

改善不是瞎干，而是充分利用员工的智慧，这样不但能激发员工的热情和积极性，还能激发员工的想象力和创造力。大多数工程师能够设计复杂的部件或流程来实现一个功能，但真正的天才却能简单地实现。

改善区域的员工最熟悉目前存在的问题，并且他们是以后要使用新设施设备的人，所以要主动邀请员工参与进来，听取他们的建议，类似于发挥出 12 岁少年的想象力和创造力（图 9-1），进行突破性改善。Moonshine 要求立足于企业本身，利用员工的智慧和有限的资源实现无限的改善。以智取胜是月光工程改善的另一大基本原则，利用团队的智慧可以做出令人惊讶的方案。

9.1.3　月光工作室

月光工作室是进行月光改善的地方，在这里可以制作生产线、工装、设备等。月光工作室利用简单的工具和材料进行创造性的活动，所以又称为"南泥湾"。

图 9-1   12 岁少年的想象力和创造力

月光工作室一般设在工厂偏僻的角落里，这样可以躲避事务性的琐事，专心研究而不被打扰。月光工作室有三个基本要求：①场地由高层管理者和改善团队确定并批准；②除了使用时间外，其他时间都要把门锁上，保持隐秘；③要有清晰的标识——月光工作室。

内部物流设计中用到的月光工作室通常分为材料区、制作区和讨论区。图 9-2 为月光工作室材料区，放置内部物流改善中常用的精益管、脚轮及连接件等各种零件和工具。图 9-3 为月光工作室制作区，制作区相对空间较大，用来进行工装设施的加工和制作。图 9-4 为月光工作室讨论区，讨论区放置白板、简单桌椅等，用来进行团队讨论、改进设计方案。

图 9-2   月光工作室材料区

图 9-3   月光工作室制作区

图 9-4   月光工作室讨论区

9.1.4   Moonshine 步骤

在王树永、陈辉编著的《月光工程》一书中，将 Moonshine 的改善行为分为四个步骤：我需要、我设计、我制作、我使用，图 9-5 为《月光工程》的封面及四个步骤循环。

图9-5 《月光工程》的封面及四个步骤循环

1. 步骤一：我需要

改善活动的起点是对现状的分析，在工厂内部，改善的需求来源通常有三个：战略部署、价值流分析和日常管理暴露的异常问题。

战略部署是企业高层从客户之声、市场信息、自身发展等方面进行分析，制定企业未来的发展战略，然后分解部署到各个部门和产品线，为了达到战略部署的目标，通常需要进行突破性的创新和改善。价值流分析是中高层对工厂端到端流程进行系统性诊断，识别制约工厂的主要问题，成立改善项目并进行改善。日常管理是企业的中基层在每日的例行工作中，对偏离标准作业的异常进行分析和改善。

2. 步骤二：我设计

设计极其重要，每个人都应从自身的角度出发提出设计建议。设计的原点是当前状况，对现状有深入了解的员工和相关岗位最应该参与设计过程。如员工从作业的便捷、人机工程等方面给出建议，工艺员需要考虑工艺和节拍等，设备工程师需要考虑可实现性和后期维护性等，EHS 部门要考虑环境健康和安全等。

设计阶段要更多地向自然学习，进行多种设计并进行多轮的月光试验，以形成最佳设计。

3. 步骤三：我制作

无论设计得多么完美，在制作过程中，一定还会有许多新的问题和新的创意出现。因此不要将设计的方案交由外部供应商，这样做出的设施设备也往往差强人意，缺乏对细节的研究而且成本较高。

在月光工作室，由项目团队利用廉价、易得的材料，快速搭建设计出设施或装备。在搭建过程中，进行阶段性评审验证，不断纠正方向，逐步满足设计需求。

4. 步骤四：我使用

在设施设备搭建完成后，需要进行使用。由于员工也参与了设计和制作过程，因此很容易接受新的设施设备，同时能感觉到自己受到了尊重，体现了个人价值；在使用过程中，也会不断去思考是不是有更好的方法，并快速进行调整。

Moonshine 的四个步骤是一个连续的改善过程。在内部物流改善的过程中，不管是单一的工装车还是系统的设计，都可以用 Moonshine 的方式方法，进行创造性的设计和实施，不断地进行"我需要、我设计、我制作、我使用"循环。前面章节介绍的工具，如布局与生产线设计、容器设计、线边设计、超市设计等，都可以运用这种方式方法。下面几节具体介绍 Moonshine 在内部物流设计验证阶段的具体运用，分别介绍水蜘蛛、信息流和内部物流系统的验证模拟。

💡 9.2 水蜘蛛模拟

水蜘蛛设计初步完成后，要对水蜘蛛自身及系统进行模拟：验证牵引、车厢及牵引的联动性；验证路线及停止点规划是否安全、合理；验证及更新操作时间。其最终目的是形成新的水蜘蛛标准作业。

9.2.1 水蜘蛛模拟时机与条件

进行水蜘蛛模拟没有严格的时机，随着设计的进行可以随时进行局部的模拟，如小火车的模拟、某些操作的模拟等，并进行快速改善。

进行水蜘蛛的系统模拟，即模拟标准作业中的所有内容时，一般需要具备以下条件：

（1）模拟场地

进行水蜘蛛小火车模拟及路线模拟的场地。

1）月光工作室不合适：内部物流的月光工作室通常用来制作工装车、货架、车厢、牵引等，空间通常较小，牵引车及车厢很难在其中进行拐弯等操作，因此常规的月光工作室不适合水蜘蛛系统的模拟。

2）实际生产场地：在实际的工厂区域内，按照布局路线进行模拟是最佳的选择。在工厂实际区域内模拟或试运行，也是必须要进行的一步，根据实际条件确定这一步模拟的时机。

3）其他模拟场地：若实际生产场地不适合，如正在建设、环境要求等，需要选择其他场地进行模拟，场地大小最好与实际生产场地类似，根据实际路线情况，进行场地布置，注意通道、立柱、超市位置、停止点等。

（2）工装车及牵引

要进行的是水蜘蛛系统模拟，因此其配置要制作完成，特别是车厢和牵引。

牵引车最好能到位，若无牵引车，可用叉车或人力来代替牵引车的牵引作用。

（3）初步标准作业：要有初版的水蜘蛛标准作业，包括循环时间、工作内容、循环路线和停止点。水蜘蛛先按照初版标准作业、沿规定的路线来运行，在各停止点进行模拟操作。

9.2.2 水蜘蛛模拟步骤

在具备上述基本条件后，可计划进行正式模拟，模拟可以多次进行。可遵循如下步骤：

（1）团队分工

项目团队成员进行分工，项目组全体成员都要参加，并邀请其他相关人员，包括但不限于：管理层、物流相关人员、生产相关人员、计划相关人员、EHS相关人员等。团队成员应分好工，明确各自任务。

1）组长：总协调，负责整个过程的组织、协调；全程跟进、指导水蜘蛛的运行。

2）水蜘蛛人员：驾驶车辆并按标准作业进行操作，过程中边操作边讲解；明确指出过程中的问题，相关人员进行解决或记录。

3）视频录制：以水蜘蛛为对象，录制整个过程，后续用来分析过程和时间。

4）问题观察：观察并记录过程中的各种问题，包括水蜘蛛人员提出的问题、其他成员提出的问题等。

5）问题快速解决：对于一些小问题，马上进行协调解决。

（2）场地布置

若是模拟场地，需要在场地进行布置和目视化。

1）路线规划：根据实际工厂道路布局，在模拟区域内1:1进行通道、立柱等布置，明确规划出水蜘蛛路线（图9-6）。

图9-6 水蜘蛛路线规划

2）超市、线边等布置：若超市和线边尚未完全建立，用部分实体代表即可，可用托盘、纸箱、空容器等快速建立线边和超市，但要包括代表性区域，如满容器区、空容器区等，这一步也是 Moonshine 原则的体现：廉价、易得、快速。若超市、线边等已经实体建立，则可进行完整的模拟，效果更好。

3）目视化：用在白纸上手写的方式，体现各种目视化，让团队更快、更容易理解过程。

（3）路线初探

水蜘蛛运行前，核心团队先按路线步行走一遍。

1）人员：组长、水蜘蛛人员及项目组核心人员，步行（不驾驶牵引车）沿规划路线走一遍，识别路线上的凸起、凹槽、急转弯、上下坡等特殊地形。

2）过程：沿规划路线，按照水蜘蛛标准作业，边走水蜘蛛人员边模拟进行各种操作，并讲出操作过程，团队提出问题及建议。

3）目的：使团队特别是水蜘蛛人员熟悉路线和工作内容，即其标准作业，掌握路线中的关键点，识别路线中存在的问题，如通道阻塞等，并及时处理。

（4）水蜘蛛模拟

水蜘蛛人员按照标准作业进行全过程模拟。

1）过程讲解：团队集合，组长对模拟的过程进行讲解、任务分配，强调纪律、安全，强调过程中要观察和记录问题。

2）水蜘蛛模拟：水蜘蛛人员按照标准作业进行操作，边操作便讲解，重点关注9.2.3节中提到的验证内容。其他成员各负其责，若环境需要可配备小蜜蜂等音响设备，使团队都能听见并参与其中。在图9-7所示模拟案例中，由于采购牵引车未到位，用叉车和人力充当牵引车来进行模拟。

3）过程小结：在运行过程中，到重要停止点时，组长或水蜘蛛人员要对操作进行总结说明，指出重点，解释设计背景。

图9-7　水蜘蛛模拟案例

（5）反馈、总结、改善

模拟结束后，进行反馈、总结和改善。

1）现场总结：水蜘蛛循环结束后，在现场进行总结，了解反馈，回答问题，记录改善点，邀请管理层进行总结、鼓励。

2）团队反省：回到作战室后，团队对过程中发现的问题及其他成员反馈的问题进行总结和反省，制订改善计划；特别是水蜘蛛人员的反馈，要重点对待；若需要可回放视频或再到现场查看。

3）数据处理：根据视频，整理、分析各操作时间，更新设计时的数据。

（6）多次模拟

改善后，可多次进行模拟，不断改进操作过程和水蜘蛛装备。

1）保留模拟场地：不要轻易撤销模拟区域，要保留一段时间。

2）团队要进行多次的模拟，不断发现问题、解决问题，不断更新标准作业。

9.2.3 水蜘蛛模拟内容

水蜘蛛模拟主要目的是验证团队制作的配置（牵引、多节车厢）本身是否合适、验证配置在规划路线上是否合适、验证部分操作过程、收集数据，以及设计中考虑不到的其他实际问题。对模拟的内容和要点进行总结如下：

1）水蜘蛛配置本身验证：验证车辆本身特性。表9-1为水蜘蛛配置本身验证内容和要点。

表9-1 水蜘蛛配置本身验证内容和要点

	验 证 内 容	要 点
1	牵引车头的起步、停止、转向等操作；观察警示灯、急停等安全装置是否有效；测试充电、更换电池等操作	对牵引车限速（通常为5km/h）；设置在拐弯时，强制减速；安全装置（特别是急停）配备并且有效；若需更换电池，需要考虑快速更换（SMED，用滚筒滑动等形式）
2	重载车厢的灵活性测试	重载车厢在单人短距离操作时，要轻松、便捷；若笨重，需要调整载重量或更改脚轮
3	水蜘蛛试验装车、卸车是否快速、方便	装车与卸车的方便性与牵引有直接关系，最好不弯腰，用脚操作 确定牵引在线边的状态，不应是障碍（折叠起，而不是横在地上）
4	观察整列火车各轮是否都接触地面，主动轮、被动轮位置是否一致	确保四轮定位，由于是内部制作的工装车，精度有限，要确保四轮都触地，分担重量
5	观察整体外观尺寸是否协调	高度可以不一致，但长宽最好一致
6	调整、确定车厢位置	车厢顺序上，通常容器类车厢靠近牵引，卸车类车厢靠近后端

（续）

	验证内容	要 点
7	驾驶车辆慢速直线行驶，观察车厢是否有摆动	运行时，车厢不能有蛇形摆动，要能走直线
8	最高速度（5km/h）时，再观察整体状态，是否直线行驶	观察主动轮、被动轮位置，通常有牵引一侧为被动轮（定向轮），无牵引一侧为主动轮（万向轮）
9	起步加速、急停时车厢间的冲撞情况	观察牵引连接的位置，确保受力状态时的安全、稳定

2）水蜘蛛配置系统验证：验证小火车在规划路线上是否合适。表9-2为水蜘蛛配置的系统验证内容和要点。

表9-2　水蜘蛛配置系统验证内容和要点

	验证内容	要 点
1	拐弯时的操作，是否能100%安全	选择难度最大的拐弯，减速慢行，观察拐弯半径；多次拐弯操作，摸索速度、角度、拐弯半径等，形成经验值
2	上坡、下坡、凸起、凹槽等处的安全验证	小火车在经过这些特殊位置时，确保运行顺利，若不能保证100%安全，则需进行调整（路线、脚轮、防护、缓冲等）
3	不同路面（水泥路、柏油路、环氧地坪路等）时的行走状态	一般厂房内部没问题，需要关注厂间或工厂内部水泥路和柏油路，避免颠簸晃动，若需要，调整脚轮材质
4	在停止点时，停车是否方便、安全，不影响其他人员、车辆通行	在任何一个停止点，都应便于停车，同时保证通道畅通，否则，需要调整停车点位置或更改路线
5	充电区域及路线验证，确保区域安全、路线安全	充电区域要确保用电安全；充电路线同其他路线一样，应确保100%安全
6	各种目视化验证与更新	对工装车、地面、空中等区域，识别目视化改善点

3）水蜘蛛操作验证：根据初步标准作业，验证基本操作过程。表9-3为水蜘蛛操作验证内容和要点。

表9-3　水蜘蛛操作验证内容和要点

	验证内容	要 点
1	测量小火车起步到正常速度时间、减速到停止时间	在操作过程中，会频繁起步、停止，相应地要更新相关时间，后续用来更新标准作业时间

（续）

	验证内容	要　点
2	从超市中搬容器到车厢中及空容器返回	观察操作是否方便，测量时间
3	从车厢中搬运容器/卸车到线边位置时间	观察操作是否方便，测量时间
4	运行过程中的其他任何问题	从浪费的角度，识别更多问题；更多人参与，从不同角度提建议

9.2.4　水蜘蛛模拟输出

经过多次、反复模拟后，可以有以下输出：

1）循环时间：水蜘蛛每一步的操作时间和整体操作时间会越来越准确。

2）配备改善：工装车会更加完善，更符合人机工程学，更便于操作。

3）路线完善：路线与停止点会更加明确、安全；对特殊关注点进行验证、改善。

4）目视化改善：各种目视化会更加完善，更利于操作和管理。

5）标准作业：经过改善后的新版水蜘蛛标准作业是模拟最重要的输出。

现阶段的水蜘蛛模拟，是假定其他内部物流工具，如超市、线边、信息流等，并未完全准备好，只是进行水蜘蛛本身的一些模拟和改善，关注其装备、路线与停止点，确保水蜘蛛自身能满足基本的运行条件。在 9.3 节，将介绍信息流模拟，水蜘蛛虽在其中，但不是主要模拟对象，信息流模拟主要模拟信息流的流程。在 9.4 节中，将进行内部物流系统的模拟，这时水蜘蛛将串起各个内部物流工具，真正起到内部物流灵魂的角色。

💡 9.3　信息流模拟

信息流包括零件生产看板、取货看板等各种看板和物流箱、平衡箱、批量管理器、顺序器等信息流装置，在分别设计了各种看板和信息流装置后，需要进行系统的模拟来验证其有效性。

9.3.1　信息流模拟条件

水蜘蛛的模拟是物料实体的模拟，信息流的模拟是信息实体的模拟。信息流系统的模拟条件要求与水蜘蛛有所不同：

1）场地需求：信息流的模拟场地要求不高，场地不需要大，在项目作战室中即可进行。

2）信息流实体：各种看板、信息流装置初步制作完成，这一制作过程也可以用 Moonshine 方式进行。

3）初步信息流操作流程：即初步信息流操作标准作业，指导信息流各工具使用。

9.3.2 信息流模拟步骤

在具备上述基本条件后，可进行模拟，模拟同样可以多次进行。在经历了水蜘蛛模拟后，已经积累了一定经验。信息流的模拟可以遵循如下步骤：

（1）团队分工

项目团队成员进行分工明确各自任务，全体成员都要参加，并邀请其他相关人员，最好与水蜘蛛模拟团队一致。

1）组长：总协调，负责整个过程的组织、协调，引导水蜘蛛操作。

2）水蜘蛛人员：进行各项信息流的操作，是模拟中最重要的角色。

3）生产计划人员：安排平衡箱，放置组装生产看板和对应顺序看板。

4）零件生产人员：使用各种生产看板和顺序器，管理零件超市。

5）总装生产人员：使用取货看板、顺序器，管理生产线边。

6）视频录制：以水蜘蛛为对象，录制整个过程，跟踪各种看板的循环。

7）问题观察：观察并记录过程中的各种问题。

（2）场地布置

在模拟场地进行各种信息流实体的布置和目视化。

1）各种实体布置：将制作完成的各种信息流实体，如各种看板、平衡箱、顺序器等分别布置到对应的位置。由于信息流模拟更多的是模拟信息流，因此物流工具如线边、超市等，可用其他形式代替，如纸杯代表容器、用 A4 纸画出线边或超市、用签字笔或乐高玩具等代替产品与零件（图9-8），当然也可用实际的零件。

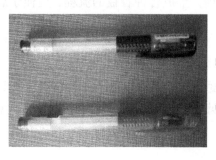

图9-8　信息流模拟中可用的代替形式

2）目视化：用在白纸上手写的方式，体现各种目视化，让团队更快、更容易理解过程。图9-9为信息流模拟目视化实际案例。

图9-9　信息流模拟目视化实际案例

（3）初步模拟

各就各位后，类似于水蜘蛛模拟，核心团队将整个流程走一下，每个岗位再次熟悉各自工作内容。

（4）信息流正式模拟

按照初步标准作业进行过程模拟，信息流模拟要注意以下三点：

1）过程讲解：在模拟过程中，一边进行操作，一边讲解所做的内容。除水蜘蛛人员操作与讲解外，平衡箱、线边、超市等各处岗位也要操作与解释。

2）多循环模拟：对于某些信息流工具，如取货看板、批量管理器、顺序器等，在第一个循环或几个循环还用不到，需要多运行几个循环，使各个工具都运作起来。

3）过程小结：在运行过程中，重要步骤时，组长或水蜘蛛人员要对操作进行总结说明，指出重点，解释设计背景。

（5）反馈、总结、改善

模拟结束后，团队要进行反馈、总结和改善。

1）现场总结：水蜘蛛循环结束后，在现场进行总结，了解反馈，回答问题，记录改善点，邀请管理层进行总结、鼓励团队。

2）视频编辑：对视频进行编辑整理，形成各种看板的流程，更便于后续培训使用。

9.3.3　信息流模拟内容

在第8章中，从信息流装置的角度，已经详细介绍了各种信息流工具的使用流程，以下从操作者如生产计划人员、水蜘蛛人员、装配生产员工、零件生产员工的角度，对模拟内容进行分析。

1. 生产计划人员

生产计划人员负责安排平衡箱，接触装配生产看板、顺序看板。

1）根据产线人员、设备及顺序零件齐套情况等因素，生产计划人员排定一日的生产计划，将组装生产看板和对应的顺序看板，放置到平衡箱中。

2）型号和数量要体现均衡化，尽量按照 ABCABCABC 形式而不是 AAABBBCCC 形式。

2. 水蜘蛛人员

水蜘蛛人员负责各种信息流装置的使用，接触各种看板、平衡箱、顺序器等所有信息流装置，使信息流动起来。

（1）平衡箱操作

从平衡箱中按照顺序拿取组装生产看板和顺序看板。图 9-10 为水蜘蛛人员在模拟平衡箱的操作。

（2）超市区域操作

按路线（因非实际比例模拟，假定路线即可）到超市中取相应零件。

1）返还空容器：将上个循环的空容器返回空容器区域。

2）取顺序零件：根据顺序看板取顺序零件，将其中的零件生产看板取出，放到批量管理器中，将顺序看板放置到零件容器中。

3）取看板零件：根据取货看板拿取看板零件，将取货看板放入容器中，同时将容器中的生产看板取出，放到该型号的批量管理器中。图 9-11 为水蜘蛛在模拟超市的看板操作。

图 9-10　水蜘蛛人员模拟平衡箱操作

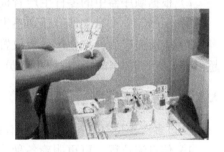

图 9-11　水蜘蛛人员模拟超市看板操作

（3）批量管理器及顺序器操作

若到批量值，则取出其中的生产看板，放到零件车间的顺序器上；若不到批量值，则不操作。

（4）装配顺序器操作

在装配线，将装配生产看板放到生产线的顺序器上（按顺序放置）。

（5）装配线边操作

在线边，将超市中领取的满容器零件，包括看板零件和顺序零件放置到线边对应位置，同时收回空容器、看板及其他逆向物流物料。

（6）成品超市

将成品送到成品超市。

（7）返回平衡箱，继续循环

3. 装配生产员工

装配生产员工进行线边的消耗，接触装配生产看板、取货看板、顺序看板和顺序器。

1）根据顺序器中的装配生产看板信息进行生产，用完后在本岗位回收或传递到下游工序，图9-12为装配员工在模拟装配生产线的操作。

图9-12　装配员工模拟装配生产线操作

2）若没有装配看板则不生产。

3）线边看板零件用完后，将空容器和看板返回空容器滑道。顺序零件用完后，空容器返回，但顺序看板由岗位员工收回，在班次结束后，由水蜘蛛集中返还至平衡箱看板收集处。

4. 零件生产员工

零件生产员工进行零件生产和超市补充，接触零件生产看板和顺序器。

1）根据顺序器中的零件生产看板信息进行生产。

2）顺序器中没有生产看板则不生产。

3）生产完成后，将生产看板放置到容器中，放入零件超市指定位置。根据超市的远近，转运工作可以由生产员工来完成，也可以由水蜘蛛人员来完成。

9.3.4　信息流模拟输出

经过多次、反复模拟后，可以有以下输出：

1）信息流流程：可更明确各种看板和信息流装置的使用步骤。

2）水蜘蛛标准作业：更新水蜘蛛标准作业中信息流操作部分及操作时间。

3）视频资料：以看板为主角的信息流循环，该视频偏重信息传递流程，在9.4节内部物流系统模拟中输出的视频更关注于水蜘蛛流程。

4）持续改善：根据模拟发现的问题，形成行动计划，完善信息流各流程。

💡 9.4　内部物流系统模拟

单个工具的完美设计并不能代表系统的完美设计，在完成内部物流各工具的设计和制作，并对水蜘蛛和信息流进行了多次的模拟后，接下来要进行整个内部物流系统的模拟，运行各个工具，发现问题、改进问题。图 9-13 为内部物流系统模拟案例，通过系统模拟，串起内部物流的各个工具，验证整个物流系统的有效性。

图 9-13　内部物流系统模拟案例

9.4.1　内部物流系统模拟的特点

系统模拟与局部的水蜘蛛模拟和信息流模拟，其出发点都是通过模拟暴露问题，其最终输出都是最新的标准作业，三者模拟的步骤也类似，但系统模拟较局部模拟更有意义：

（1）内容更全面

系统模拟包括了内部物流的各个工具，水蜘蛛要操作包括物流和信息流的所有步骤，是最全面、最接近实际运行的一种模拟。也就是在水蜘蛛设计中不断提到的，水蜘蛛要将所有的物流工具串联起来，让物料和信息流动起来。

（2）人员更全面

相对于水蜘蛛自身模拟，系统模拟可邀请更多人员参与，除征求建议外，更主要是向大家展示这种新的物流模式，让更多人接受这种模式，为后续的试运行做好准备。在这一过程中，水蜘蛛、项目组长及成员、高层管理者都要积极发挥作用，而不是仅仅在做模拟和观察模拟。

（3）输出更有价值

系统模拟输出的价值也更大。

1）数据更全面、真实：不仅包括物流操作，也进行信息操作，更全面，数据也更准确。

2）水蜘蛛标准作业更明确：由于场地进行了更具体的布置，特别是线边位置、超市位置、信息流装置位置等的增加，使水蜘蛛路线、停止点和工作内容等标准作业相关内容更明确。

3）模式更好推广：由于是系统性模拟，能让参与人员，特别是管理者能清楚看到水蜘蛛的操作过程，再加上团队讲解模式背后的意义，以及高层的鼓励和支持，让大家理解和接受这种方式，在后续的实际运行中，也要配合这种方式，形成舆论氛围。

9.4.2　内部物流系统模拟条件

1. 硬件准备

1）模拟区域：最好是在实际工厂区域进行模拟。较水蜘蛛模拟时间，系统模拟阶段时间已经接近真正实施时间，这时工厂建设等也应初步具备模拟条件。若实际区域仍不具备模拟条件，则可在原水蜘蛛模拟区域进行。

2）线边和超市货架实体：货架全部或部分完成，至少要包括不同的形式，精益管货架和工装车形式都要有，这样能模拟实际取料、补料过程，测算更准确的处理时间。

3）信息流实体：各种看板设计制作完成、信息流装置至少是平衡箱、批量管理器、顺序器制作完成，并完成了信息流系统的初步模拟，确保信息流工具能完成信息传递过程。

4）水蜘蛛配置：小火车及车厢采购、制作完成，经过水蜘蛛自身的模拟，车厢数量基本确定，小火车可以直线运行，不会蛇形摆动。

5）其他准备：各种目视化材料、部分容器、工装车、部分零件实物等硬件资源。

2. 模拟区域布置

根据实际工厂布局，将超市、线边放置到指定位置，布置容器和工装车。各种看板放到线边或超市中，各种信息流装置各就各位。

3. 标准作业

经过前期水蜘蛛模拟和信息流模拟后，已有最新版的水蜘蛛标准作业。

9.4.3　物流系统模拟的角色与步骤

系统模拟的角色与信息流模拟时一样，包括生产流与物流中的所有相关人员，在模拟中，根据各自标准作业，各负其责，各行其道。

系统模拟的步骤与水蜘蛛模拟时步骤类似，即按照水蜘蛛标准作业进行物流与信息流的操作，在9.2节和9.3节中有详述，本节不再赘述。

9.4.4　内部物流系统模拟输出

1）标准作业：系统模拟后，不管是时间、路线和工作内容的更新，都体现在最新的标准作业上，将是最完整、最真实的一版，后续可用以此进行培训；同样，过程视频记录了核心操作的步骤（实际中同类型工作可能会反复进行，如配送多个线边、超市多次取料等），也可以作为视频培训资料。

2）持续改善：系统模拟能暴露更多的问题，之前设计单个工具时，可能已经设计得很好，但从系统运行良好角度，各工具并不见得非常完美。这种系统性的模拟可以进行多次，不断暴露问题和解决问题，打磨各个工具及工具间的衔接，使整个内部物流系统顺畅运转。

Moonshine 这种方式在 3P 改善中应用较多，在内部物流改善中，同样可以利用这种方式，借鉴其核心理念，快速度、低成本的验证物流各项设计。更重要的是，Moonshine 希望更多的人员参与进来，发挥团队的力量，不断进行头脑风暴和尝试风暴，并且低成本、快速地实现团队的设计，让参与者体验改善、让参与者发出光芒，这也是改善活动的精髓。

第10章

内部物流的运行与异常响应

在经历了多次的模拟后，随着时间的推移，内部物流各工具逐步落地、展开应用。同其他改善一样，在新物流系统运行过程中，仍会出现各种问题。本章介绍内部物流的运行与异常反馈，讲解物流导入的时机和范围、初次运行的要点；分享运行过程中可能出现的异常及对策；最后讲解如何建立物流的异常响应机制，来响应各种异常。

💡10.1 内部物流的运行

10.1.1 导入的时机

内部物流的诸多工具贯穿在物料的整个生命周期中，从原料进厂开始一直到装配成产品发货为止。过程中某一段的改善并不能充分发挥作用，有时反而会引起上下游更多的浪费。内部物流需要整个系统共同改善、系统运行后，才能发挥更大作用。因此内部物流改善在导入时机和范围上要慎重选择。通常在以下时机可以导入精益内部物流改善。

1）公司决定开展精益转型，并将精益作为未来三年公司 TOP3 战略之一。

这是开展精益内部物流改善的常见时机。公司高层决定导入精益管理，通过战略部署、价值流分析等规划性工具，确定要进行内部物流改善，并成立团队、配备资源，开始物流项目。这种项目通常会选定试点区域，如一个车间或一条线，时间范围通常在半年左右，包括设计、实施、运行和跟进等各个过程。

2）新工厂建设、老工厂改造或转型升级等时机。

借新工厂建设、老工厂改造或转型升级之机，进行生产线改善和内部物流改善。通常最开始的出发点是改进生产线，但因为内部物流对布局会产生较大影响，所以会同步进行内部物流改善。这是常见的一种时机，也是最好的时机，结合生产线设计，可以在新布局上进行更多地发挥，不受原有布局的诸多限制，同时，在人员培训、生产方式、物流方式观念改变上也是一个好时机。

3）工厂面积不足、物料占用资金较大时。

随着工厂的运行，通常厂内的物料（原材料、在制品、辅料、呆滞料、不良、待处理、成品等）会越来越多，占用资金的同时面积越来越紧张，到处放满了物料。有时管理者会租用更大的厂房，但同样的现象会很快出现。这时最好的对策是进行生产流和内部物流的改善，加速物料的流动，减少物料资金占用和面积占用。

这也是一种倒逼的时机，管理者及团队改善的意愿越强烈，改善效果对比也会更明显。

10.1.2　导入的范围

不管在哪种时机下开展内部物流改善工作，导入的范围通常是选择试点区域，并且是接近客户的定拍工序，如选择某条装配线或某个装配车间，然后逐步向上游延伸。

选定试点区域，物流改善范围就小，会产生一些问题，如在改善超市时，可能只能改动一个小区域，在设计水蜘蛛时，由于工作量不足，水蜘蛛一个循环负荷不满等情况。但在开展内容上影响不大，基本会包括物流设计的所有内容，如容器设计、成套设计、线边设计、超市设计、水蜘蛛设计、信息流设计等，也就是说麻雀虽小，五脏俱全。通过试点区域，快速设计、快速验证、快速见效。

反之，内部物流在导入时不建议整个工厂同步进行。有些企业会认为，内部物流系统比较成熟，企业基础差、改善潜力大，再加上咨询顾问的指导，实施起来会很快。但是正如之前各章节所一直强调的，内部物流单个工具作用有限，只有系统运行时才更有效。如果范围较广，各个工具开展的时间就要长，系统运行的时间就会晚，短时间内看不到改善效果，过程中的一些小失误也会导致较大的影响，会打击团队的积极性和信心。

选择试点区域的目的是为探索精益内部物流模式如何与工厂特点相符合，理论结合实际，找出适合工厂特点的精益内部物流模式和推进模式。同时，培养团队，积累经验，为工厂范围推广做好准备。

10.1.3　运行时的要点

在经过了生产线本身的各种改善，经历了容器、线边、超市、水蜘蛛、信息流等各种设计、经历了水蜘蛛、信息流模拟和内部物流系统模拟之后，内部物流设计与建设阶段基本完成，转入运行与改善阶段。在各工具全面初次运行时，要注意以下要点：

1）各种硬件配备基本完成：内部物流硬件指各种容器、货架、工装车、牵引车、各种看板、信息流装置等实体，并配置到指定位置。不断进行实体的目视化工作，以减少初期因不熟悉产生的困扰。

2）各种标准作业基本完成：包括但不限于水蜘蛛、计划人员、零件生产人员、线边生产人员等的标准作业。在经历了多次模拟后，各种标准作业应该已经基本成型，各种流程、文件、表单等标准化并目视化。

3）各种培训完成：对于物流过程中的所有相关人员，包括员工和各级管理者，都要进行不同形式的培训，如理论培训、系统培训、模拟培训、视频培训等，掌握相关知识和技能；特别是水蜘蛛，要选择最好的员工，并熟知其标准作业。

4）管理者动员：虽然已经经历多次模拟，大家也都开始知道这种模式，甚至局部如线边和超市已经开始使用，但在正式运行前，需要高层管理者对这种模式进行动员，强调各工具的重要性，要求按标准作业操作，鼓励提出改善建议。

5）设计者全程跟进：内部物流设计团队要全程跟进水蜘蛛的运行，从上班开始到下班结束。水蜘蛛运行，设计人员就跟着运行，水蜘蛛休息，设计人员就休息。跟进过程中及时发现水蜘蛛遇到的各种问题（有时是意想不到的问题）并快速解决。这一全程跟进会持续 2~3 周时间，直到过程中没有困难，水蜘蛛能正常按照标准作业来操作，最终更新水蜘蛛标准作业。

6）反省与改善：邀请水蜘蛛及相关人员，每日对水蜘蛛及相关工具进行反省总结，提出改善建议、制定对策，不断完善内部物流系统各工具。

7）责任交接：在系统运行 2~3 个月后，设计团队要将后续的维持和改善责任交由各属地部门，如超市及信息流装置交由仓储部门、线边交由生产部门、水蜘蛛交由物流部门等。设计团队退出项目管理，避免各种责任推脱，也能促进内部物流的更好运行。

8）知识整理：设计团队趁热打铁，整理设计过程，汇总各种资料、流程、标准、文件、视频等知识；总结物流项目推进经验，形成公司特色物流模式；编写内部物流实践手册，为后续推广及新人培训做好总结工作。

以上结合作者项目经验，总结了新物流方式在运行初期的一些要点，在实际项目过程中，可参考这些经验，少走弯路。

🔆 10.2　运行中的常见异常与对策

内部物流各工具在实际运行过程中，必然会发生各种异常，如线边物料数量质量异常、超市缺料、看板缺失、临时换型、水蜘蛛更换等，本节将介绍这些常见问题，并提出相应对策。

10.2.1 线边物料数量、质量异常

问题描述：生产线员工在使用线边物料时，发现物料数量不够（通常是数量不够，也有时数量多了）或者零件质量有问题，不敢使用。

应对策略：对策从临时对策和长期对策展开。

1. 临时对策

员工通过安灯系统等方式快速暴露问题，相关人员快速到现场判断与解决，表 10-1 为线边物料常见问题与对策。

表 10-1　线边物料常见问题与对策

	问题描述	对　策
1	看板零件质量问题	看板零件在线边数量较多，某个零件出现质量问题后，可继续使用其他零件，保持生产不中断 将有质量问题的零件放置在待判定容器内（通常为黄色） 启动安灯系统 相关人员判定质量问题，制定相应对策 若非批量质量问题，不需要水蜘蛛额外补充，正常循环即可
2	顺序零件质量问题 顺序零件数量不足	相对于看板零件，顺序零件在线边的数量较少，某个零件出现质量问题后，可继续使用其他零件，保持生产 若有质量问题，将零件放置在对应容器内 启动安灯；相关人员快速响应（响应级别高于看板零件） 根据情况判断是否需要水蜘蛛或其他人员及时补充
3	成套零件质量问题 成套零件缺件	一个零件的不良可能会导致整套零件的不可用，暂停整套的使用，若后面一套为同类零件，先使用后面一套，若不同类，则须停产等待紧急配送 启动安灯，相关人员快速响应（响应级别高于顺序零件） 水蜘蛛或其他人员紧急补充配送
4	物料错误（水蜘蛛配送错误）	由于整个容器或工装车零件错误，生产可能会暂停 启动安灯系统；相关人员快速响应（响应级别较高） 水蜘蛛或其他人员紧急补料
5	缺料（水蜘蛛配送不及时）	提前预判（根据计算公式，至少一用一备，据此可以进行预判），启动安灯系统，相关人员快速响应 水蜘蛛或其他人员紧急配送

2. 长期对策

建立数据的收集、整理、分析和利用体系。本节所指的数据体系，更偏向于水蜘蛛的数据体系，如配送错误、配送不及时、不成套等，因为线边的各种异常，跟水蜘蛛有直接或间接关系，线边异常也能通过水蜘蛛相关数据体现出来。

图10-1为数据收集整理分析与利用体系图，数据体系是一种利用循环，通过数据暴露问题，然后分析与解决问题，又通过数据验证解决效果，不断往复，不断改善。

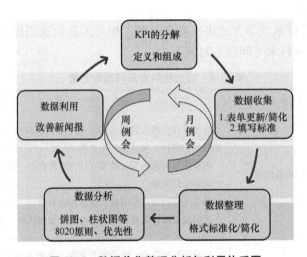

图10-1 数据收集整理分析与利用体系图

1）KPI的分解。数据利用体系的第一步是确定分解指标，明确指标的定义、公式、单位、数据来源、收集频次、负责部门、负责人等。与线边和水蜘蛛有关的KPI通常有：配送及时率、配送错误次数（率）、因配送不及时或错误影响生产时间等。

2）数据收集。原始数据的收集非常重要，是后续数据处理与利用的基础，否则"垃圾进、垃圾出"。原始数据通常有两个来源，一个是一线员工的填写，如配送错误次数、不及时等；另一个是系统导出，如物料影响生产停机时间可从安灯系统中导出。对于一线收集的原始数据，要简化表单便于使用，确保数据的真实准确。图10-2为原始数据收集表单实例。

3）数据整理。相关人员需要对收集的原始数据进行整理，形成电子版数据。数据整理通常以日或周为单位进行，因此要将表单标准化，以简化工作量和减少出错。图10-3为物流相关数据整理实例。

4）数据分析。利用Excel的强大功能对数据进行分析，将数字转换成形成饼图、柱状图等形式，进而得出结论，用更直观的形式对数据进行呈现。图10-4为水蜘蛛数据分析的实际案例，将数据转换成柱状图，更便于利用。

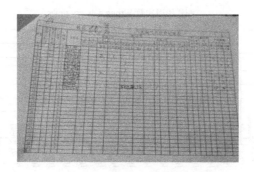

图10-2 原始数据收集表单实例

一、配送错误次数统计-周Wrong Delivery-Weekly					
时间 Calendar Week	初装 配料错误 Preassembly wrong delivery times	总装 配料错误 Finalassembly wrong delivery times	配送错误次数 NO. of wrong deliveries	周配送总数 Total delivery times per week	配送错误次数比例 % of wrong deliveries
Wk31	1	2	3	13	23%
Wk32	4	0	4	34	12%
Wk33	6	6	12	38	32%
Wk34	11	3	14	66	21%
Wk35	11	5	16	105	15%
Wk36	7	0	7	62	11%
Wk37	6	3	9	86	10%
Wk38	3	0	3	99	3%
Wk39	5	2	7	79	9%
Wk41	6	4	10	176	6%
Wk42	2	1	3	108	3%
Wk43			0		#DIV/0!
Wk44			0		#DIV/0!
Wk45			0		#DIV/0!
Wk46			0		#DIV/0!
Wk47			0		#DIV/0!
Wk48			0		#DIV/0!
Wk49			0		#DIV/0!
Wk50			0		#DIV/0!
合计 Total	62	26	88	866	10%

图10-3 物流相关数据整理实例

5）数据利用。根据分析的结果，分析原因、制定对策。利用周例会、月例会等形式，进行PDCA循环，不断改善数据。图10-5为改善新闻报和月度例会案例。

通过在线边的现场观察，能发现很多改善点；通过现场生产控制板等工具，也能发现很多改善点；通过数据分析，还能发现许多问题和改善点。精益物流要利用各种方式，不断识别和消除浪费，不断PDCA，减少线边和水蜘蛛异常的发生。

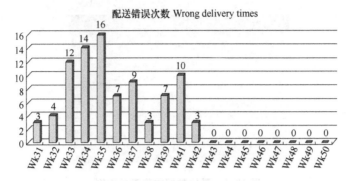

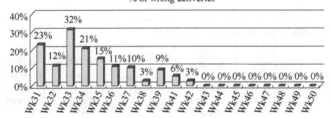

图10-4　水蜘蛛数据分析实例

图10-5　改善新闻报和月度例会案例

10.2.2　超市缺料/不齐套

问题描述：不同时间段、不同人员发现超市物料没有到位，影响相关操作。

（1）超市人员

在工作过程中发现该到的物料，没有准时到达。

（2）生产计划人员

在确定日生产计划、现场实际确认物料时，发现物料不齐。

（3）水蜘蛛

水蜘蛛在超市取料过程中，发现没有要取的物料。

应对策略：以上三种情况，时间上有先后顺序，越早发现，越能减少影响。基于发现时间的不同，应对方式也不一样。

（1）超市人员发现

这是在问题早期，产生的影响还较小：

1）超市人员发现后，应第一时间调查物料进度，确认原因：如路途耽搁、忘记发货、放置在其他区域、质量原因待处理等。

2）根据原因，判断物料可以到位时间，如半个小时后、两个小时等，使心中有数。

3）若到位时间不影响生产需求，督促跟进即可，避免再出现延迟；若到位时间会影响生产，则需进行上报流程，其他相关人员对应调整。

4）问题上升反馈、分析，建立重点物料跟进机制，如缺料的数量利用体系，重点跟进经常缺料的物料及供应商。

（2）生产计划人员发现

生产计划在排定日生产计划时，输入之一是确认是否有料或齐套，通常通过系统查询，但在确定日生产顺序时，要进行实际确认（不能只看系统），若在现场确认中发现物料不齐，应进行以下操作：

1）与超市人员确认来料不齐原因，确认新的来料时间。

2）若在短时间，如两小时内能到，在平衡箱中，将料不齐的往后排，料齐的往前排。

3）若今日不能到，则需取消该产品今日生产计划，并通知相关人员。

4）紧急情况下，经相关流程批准，可缺件上线，并告知相关人员，作为变更点加强跟进。

5）问题上升反馈、分析，讨论如何提前预警。

（3）水蜘蛛发现

水蜘蛛发现物料不齐时，已经比较紧急了，因为在下一个循环就会用到，应进行以下操作：

1）启动安灯系统，告知相关人员，自己继续标准作业，水蜘蛛不能停下来解决物料问题。

2）相关人员紧急处理，由于这时缺料可能影响生产，因此处理的优先级高。采取临时对策后，分析确认原因。

3）若因仓库未及时补充或放置错误位置等，可及时（如半小时内）补充的物料，由其他物流人员直接配送到线边。

4）若在短时间，如两个小时内能到货，则生产计划需紧急换型，切换其他产品，将该型号在平衡箱中往后放置；紧急情况下，也可缺件上线生产。

5）问题紧急处理后，上报反馈、分析问题，制定根源性对策。

物料不齐套，是生产中经常发生的现象，特别是在物料数量多、供应商多、供应商距离较远时更容易发生。在多品种、小批量、甚至定制化的生产环境下，这种现象会更频发。在精益生产之前，通常的对策是加大库存，造成库存越来越多。精益的方案中，短期方法，如上文所述，更早发现问题，减少影响，在发生问题后，紧急临时应对；更重要的是长期对策，要进行供应链上的改善，供应商要进行改善，供应商的供应商也要进行改善，同步消除浪费、缩短交期，这样才能更好地从源头上减少缺料的发生。

10.2.3 看板（容器）丢失

问题描述：在第 7 章中，已详细介绍看板是信息的载体，在精益内部物流中，水蜘蛛通过看板来传递信息，实现物料流动。而在实际的运行过程中，由于各种原因，看板会发生丢失。通常通过以下方式可以发现看板丢失：

1）超市缺料，追究原因是没有生产看板作为生产指令，没有进行生产。

2）员工进行 5S 时，在某个角落里发现了一张生产看板。

3）在线边一个容器内，没有取货看板；或在一个容器内，有两张取货看板。

4）水蜘蛛下班回家后，口袋里放着一张取货看板。

5）看板盘点时，发现缺少了一张生产看板。

6）其他形式发现看板缺失。

应对措施：看板的丢失意味着信息的丢失，对应物料就会受到影响，要严肃对待。

（1）紧急对策

首先采取临时对策，减少影响：

1）发现看板丢失后，要及时补充丢失的看板，确保信息正常流动。

2）针对性分析发生原因，制定对策并跟进。

（2）维持对策

通过一些活动，减少看板丢失发生的概率：

1）培训：利用晨会等形式对所有人员反复培训，强调看板的重要性；特别是新员工，更要重点关注。

2）检查：以区域为单位检查，如线边区域，每一个容器内都应有取货看板，若无则需追查并改进；超市区域，每一个容器/工装车内都应有生产看板，若无则应追查并改进；平衡箱处，检查平衡箱底部看板是否齐全；顺序器上，看板是否被正确使用等。检查频率为至少每月一次，也可不固定时间。

（3）改善对策

一方面发生问题后，要及时解决，并避免再次发生；另一方面，如果能减少看板型号或数量，则可减少看板丢失发生的可能性，减少对生产的影响，在

第 7.5 节看板设计和使用要点中，已经介绍了减少看板的对策，此处不再赘述。

在实际工厂中，有时也会发生容器不足的现象，容器被挪作他用，如临时盛放某些物料、借走未还、长期呆滞物料占用等，因此也要加强对容器的管理。

10.2.4　紧急换型

问题描述：在已经排好的日计划进行过程中，由于某种原因，需要紧急切换型号。造成紧急换型的原因很多，如缺料、批量质量问题、工艺紧急变动、客户紧急订单、紧急发货、需求突然变化、高层指示等。

应对措施：在精益的环境中，不管是基本的标准作业、日常管理，还是高阶的安灯系统、均衡化，都是为了生产的连续、稳定进行，以最小的波动和标准化生产满足客户的需求。紧急换型会打破正常的生产流程，因此要减少因为换型对生产造成的影响。

精益内部物流本身在设计上就具备快速换型的能力，能最大程度减少物流对生产的影响：

1）线边物料数量较少，无需将大量线边库存转走，这是大批量生产所不具备的。

2）对于看板零件，主要型号在线边都有一定库存，可以直接使用。

3）对于顺序零件，水蜘蛛能在下一个循环即可配送到位。

4）水蜘蛛循环模式，是应对紧急换型的重要因素，由于水蜘蛛短周期的规律性循环，可以在正常时间内进行换型物料的配送，而不需要打破正常的流程。

5）平衡箱：新的生产计划仍然放置在平衡箱中，水蜘蛛依然从平衡箱中拿取看板进行操作，遵循正常的标准作业。

6）信息流：只要顺序零件到位，信息流流程同之前一样，没有变化，就不会产生波动；在平衡箱中可用特殊颜色，如黄色或红色来提示换型。

7）生产流动：由于之前已经进行了生产流动的 SMED 改善，生产线本身也已具备紧急换型能力，反过来对物流的影响也较小。

因此，设计的内部物流模式和之前的生产流改善，可很好地适应紧急换型，这也是柔性的一种体现。但在换型前后，仍应注意以下事项：

1）物料齐备：新型号所需要的物料，特别是顺序零件在超市中已经准备好，可以配送到现场使用，物料不齐或不确定到货时间而强制换型会对物流和生产产生较大影响。

2）换型时间：通常来说，只要将新的装配生产看板和对应顺序看板放在顺序器上即可，将其他型号后移或者拿掉。水蜘蛛根据顺序看板到超市中取料，配送到现场进行生产，同时现场也进行换型的流程。这样对物流和生产造成的影响较小，甚至没有影响。

3）对于经常需要换型的情况，特别是对于多品种、小批量、定制化产品生产线，在排定平衡箱生产计划时，可预留一定的产能，用于紧急换型，以减少对其他型号产生的影响。

10.2.5　水蜘蛛循环时间超出标准循环时间

问题描述：水蜘蛛根据其循环时间进行操作，就像公交车一样，但公交车有时也会遇到很多红灯或者交通堵塞，造成某一循环时间延长的情况。同样，水蜘蛛在循环过程中，也会发生循环时间超时标准循环时间的情况，如空容器特别多、临时事项等。

应对措施：前文多次提到水蜘蛛是内部物流的灵魂，涉及的物料多、关联的部门多，会遇到的异常也多，因此在设计水蜘蛛时，就考虑了各种异常应对能力，以避免或降低对生产的影响：

1）水蜘蛛工作本身就会存在波动，因此将其时间负荷控制在80%左右（在6.4节水蜘蛛标准作业中有详述），以减少超出循环时间的情况。

2）水蜘蛛超时可能造成的最坏影响是线边缺料，而在线边设计时，不管是看板零件还是顺序零件，线边物料至少是两个循环（在4.3节线边两种主要补充形式与容量数量计算中有详述）。更进一步，对有经验的水蜘蛛而言，线边物料可以使用多长时间，水蜘蛛是可以预判的，超出循环时间后，在下一个循环只要稍微加快流程即可。

3）由于容器容量不一致和生产不稳定等原因，通常上一个循环配送物料较多时，下一个循环就会少一些，因此，水蜘蛛若在上一个循环超时，下一个循环就能将补回来，因此水蜘蛛不会一直处于超时的状态。

4）若水蜘蛛循环时间持续超出设计循环时间，或者负荷持续超过80%，则需要认真分析，找出影响时间的原因并快速解决。这种情况通常是发生了较大变化，在设计水蜘蛛标准作业时还没有发生。

在一些视频案例中，有些水蜘蛛跑步配送物料，这种情况不会、也不应该经常发生。水蜘蛛应该轻松地根据标准作业来进行循环，即使某些情况下超出循环时间，也不用非常紧张，稍微加快速度即可，精益内部物流的设计可以保证物料的供应，同时减少人员、流程等的异常，以稳定的状态实现顺畅的物料和信息流动。

10.2.6　水蜘蛛人员调整

问题描述：企业内部岗位变化是经常发生的事情，有些是计划性的，如轮岗、升迁等，也有突发性的，如员工离职等。水蜘蛛是物流中的关键岗位，其人员的调整对物流有较大影响，特别是突发性的调整，如临时请假、突然辞职等，影响更大。

应对措施：水蜘蛛循环时间长，工作内容多，发挥的作用重要，因此在 6.3 节水蜘蛛的人员配备中，要求水蜘蛛应该是最好的员工。而人员调整也是必然会发生的事情，为减少影响，可采取以下对策：

（1）标准化资料的不断更新

随着不断改善，标准也应不断更新，相关人员要不断更新水蜘蛛的标准作业和其他标准化资料，便于培训。表 10-2 为水蜘蛛培训标准清单，包括了水蜘蛛要培训的各种内容、培训方式、考核方式、时间范围等。

表 10-2　水蜘蛛培训标准清单

水蜘蛛培训标准化							
顺序	内容	培训方式	培训人	考核方式	考核人	培训时间	使用文件
1	牵引车驾驶、保养	现场	指定师傅	现场	班组长	1 天	物流部牵引车管理制度
2	安全教育	书面 + 现场	班组长	书面考试	班组长	1h	物流部安全操作规章 安全生产事故应急预案 物流部安全管理制度
3	行为规范	书面	班组长	书面考试	班组长	2h	员工行为规范
4	水蜘蛛标准作业	书面 + 现场	班组长	书面考试、现场流程考核	班组长	7 天	水蜘蛛标准作业表 车型配置表
5	物料认知、车型配置	现场	帮带师傅	现场抽检	班组长	7 天	工艺技术问题通知单

（2）多能工的培养

水蜘蛛岗位同其他物流岗位和生产岗位一样，也应进行多能工的培养，在人员调整时能有更多选择。

（3）轮岗

在多能工培养的同时，实行轮岗机制，不同水蜘蛛间及不同岗位间进行轮岗，减少对某个水蜘蛛人员的依赖，同时促进改善。轮岗及多能工培养需要有规划地进行，提前准备，减少紧急情况，减少波动。

（4）不断改善，简化工作难度，缩短培训周期

1）不断进行工装、超市、线边等的改善，减少库存、成套配送、更好地目

视化等，使操作更简单、更省时。

2）电子化改善：利用电子系统，简化信息流操作，防止和减少操作错误。

3）AGV改善：对某些物料，特别是较重的物料，应采用AGV形式，减轻水蜘蛛工作量。

4）工作分解、工作简化：将配与送分开，水蜘蛛只负责送，另外有人负责相对较难的物料配备，简化工作难度。

5）工作整合：将原来的负责整条线的所有物料配送，改成负责多条线的同类物料配送，保持工作量的同时，减少工作难度。

水蜘蛛是内部物流中的核心岗位，要采取各种措施，减少因为人员调整对物流，特别是对生产造成的影响。

以上介绍了五种内部物流中常见的问题并提出解决对策。除此之外，还会发生各种各样的问题，这就需要建立一种统一的问题反馈和解决机制，来应对随时可能发生的各种问题。下面介绍如何建立内部物流的异常响应机制。

💡 10.3　内部物流的异常响应机制

工厂在实际运行过程中发生的各种问题或异常，都会打破正常的标准作业，影响生产的正常进行，甚至产生质量问题，最终影响客户交付。因此需要对生产过程中发生的大大小小问题进行暴露和解决，使尽快恢复正常。精益生产中，将快速暴露问题，并促使快速解决问题的机制，称为异常响应机制，有时也称快速响应机制、问题上升机制或帮助链。异常响应机制包括在前文多次提及的安灯系统、异常快速响应计划和日例会制度。本节将介绍这三个方面在内部物流上的应用。

10.3.1　安灯系统

精益内部物流起源于丰田两大支柱之一的JIT，而安灯系统来源于另外一大支柱自働化（Jidoka）。TPS认为人不应是机器的看守者，而应进行更能增值的工作。当设备发生问题时，应及时停止并暴露问题，通知相关人员及时解决。这一理念也逐步扩展到了包括物流在内的各个方面。

当问题发生后，最常见的暴露问题的方式是在生产线上部悬挂一根绳子，发生问题时，员工拉动绳子，启动安灯系统，通过工位信号灯、电子看板或声音等方式将问题暴露出来，相关人员进行快速解决。图10-6为典型的汽车总装线安灯系统的局部案例，包括长绳和警示灯。

安灯系统是当出现生产、质量、物流、维修和安全等方面的问题时，力争将损失降到最低，使之能够迅速恢复到正常流程的一种异常响应机制。包括问题暴露、问题解决、问题记录、根源分析等。安灯系统实际上是一种目视化的问题解决方式。

图 10-6　典型汽车总装线安灯系统（局部）

图 10-7 为安灯系统的运行步骤图，也是一种循环：

1）问题发生：问题发生后，员工或第一发现人应判断问题，确认发生问题。

2）启动安灯可视化管理：通过灯光、显示板、声音、手环震动等形式将问题暴露出来。

3）解决问题：相关人员根据快速响应计划解决问题。

4）记录问题：将问题、对策等记录在现场的问题解决板上，作为例会会议资料和后续的问题与对策信息源。

5）根源问题分析：对于问题进行根源性分析，预防再次发生。

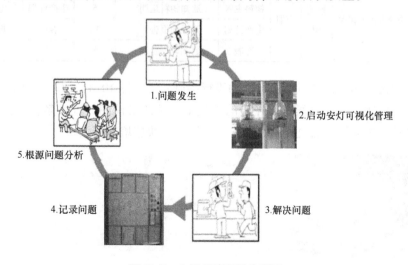

图 10-7　安灯系统运行步骤图

10.3.2 异常快速响应计划

现场发生的问题，通常可以归结为五类：生产问题、设备问题、物流问题、质量问题和安全问题。在工厂的运行中，会有新问题发生，但通常情况下80%左右是之前发生过的问题，因此将之前发生过的问题进行分析，形成标准的解决方案并进行培训，是快速解决问题的一种有效形式，这种标准化的问题解决预案，称为异常快速响应计划。表10-3为物流方面的快速响应计划案例。

表 10-3 快速响应计划案例——物流方面

×××车间异常快速响应计划——物流方面								
序号	问题描述	问题发现		影响	问题对策				
		发生在哪	发现方式		职位	需要做什么	时间/min	联系谁	联系方式
1	缺少锥形套	仓库	备料	生产	仓管员	断料通知主管	0	物料主管	安灯
					物料主管	查询断料原因和到货时间	30	生产计划	电话
					生产计划	换型	30	生产领班	电话
2	缺少静电铜丝	仓库	备料	计划	仓管员	断料通知主管	0	物料主管	安灯
					物料主管	查询断料原因和到货时间	30	生产计划	电话
					生产计划	调整后续计划	30	/	/
3	缺少电机	报关	报关中	交期	关务	通知物料延期	0	物料主管	安灯
					物料主管	通知物料延期	5	生产计划	电话
					生产计划	开延期报告	10	客服	报告
					客服	通知客户延期	5	/	/

异常快速响应计划就像飞行员的飞行手册一样（图10-8），是一种问题处理预案，当问题发生的时候，在经验的基础上，按照最佳的方式去解决，这样不但能快速解决问题，而且能站在前人的肩膀上，快速培养新人。

图 10-8 飞行手册

在安灯系统运行过程中，发生的新问题记录下来后，都可以补充到快速响应计划中，若老问题的处理方式、处理时间等方面有更好的改善，则应对原响应计划进行更新。这样随着问题的发生和处理，快速响应计划会更加完善，对相关人员不断进行培训，有助于更快速地发现问题、解决问题。

10.3.3 日例会制度

对每天发生的问题，有些可以直接解决，有些需要采取临时措施，在当天不能根源性解决。这些问题都会被记录在生产控制板上。通常在每天工作要结束时，在生产控制板前，召开日总结例会，总结今日发生的问题，对于未完全解决的问题，制定行动对策、确定负责人和完成时间。图 10-9 为生产控制板和日例会案例。

图 10-9　生产控制板与日例会案例

通常日例会由生产部门主持，支持部门有质量、物流、工艺、设备等参加并认领各自部门的问题。对于物流方面，有时也单独召开物流问题总结会。因为有时虽然没有因为物流影响生产，但仍会有一些问题发生，通过每日例会，可及时纠正小的问题，避免大的问题。

在每周或每月有数据分析时，也可以从数据中发现问题，并讨论解决。参加人员包括物流领导、第三方人员、仓库管理人员和水蜘蛛等，共同反省改善活动。物流每日例会时间通常控制在 15~20 分钟，若有较大问题需要讨论，会上只确定负责人及团队，会后负责人再组织团队详细讨论、制定对策，在例会上不具体讨论，以节省其他参会人员的时间。图 10-10 为每日例会会议流程案例，其中也包括了对参会成员的考核。

利用日例会机制，跟进发生的问题，抓住问题不放，直到根源性解决。暴露问题与解决问题，也是精益改善的根本。结合安灯系统，在内部物流设计中完善物流相关快速响应计划，减少或缩短停滞时间，让物料和信息顺畅快速流动起来。

公司 Logo ×××车间/生产线	安灯系统每日例会 会议流程	编号：××××
		第 1 页，共 1 页
		第 0 次修改
		生效期：2019. 3. 26

一、目的

　　提升制造流程的稳定性，提高班组长对于生产过程中发现问题、分析问题、解决问题的流程梳理能力，同时使改善过程中的方法得到标准化。

二、活动范围

　　×××车间/生产线

三、会议流程

　　1.填写人：大班长级相关人员。

　　2.时间：PM17：10～PM17：30 (本会议为每日例会，每日不再发出会议通知)。

　　3.地点：经营体目视化管理看板前。

　　4.人员：线体(大班长、技术支持)；检验(孙工)；工艺(杨工)；JIT(周工)；设备(刘工)；

　　　　配送(张兵)；精益(周工)。

　　5.车间领导金主任、莫主任及王总每周至少出勤2次。

　　6.主持人：大班长。

　　①说明在会议之前影响小时产量的问题。

　　②持续跟踪之前问题状态。

　　③支持部门确定责任人、解决对策、期限，不分析具体细节。

　　7.每日下班前由线体技术支持汇总并发出会议日清。

四、考核制度

　　1.在生产过程中，各个参会人员需在会前及时到看板认领问题、商讨解决对策，在下午按时到规定地点参会并给出解决措施及期限(各个部门长不能按时参会需指定本部门人员参加)，缺勤一次扣1分，迟到一次扣0.5分，周累计-1分负激励10元。

　　2.各个板块负责人需按时更新各自板块，逾期未更每个板块按负激励1分扣取，未及时更新按每个板块负激励0.5分扣取，周累计-1分负激励10元，-2分负激励30元，-3分以上负50元。

图 10-10　每日例会会议流程案例

第 11 章

内部物流的延伸

在前 10 章中，第 1、2 章介绍全面流动管理，特别是生产流动是内部物流改善的基础，第 3 章到第 10 章介绍内部物流各工具及管理，是内部物流改善的核心内容。本章将在内部物流改善的基础上进一步延伸，讲解内部物流的高级阶段——均衡化生产、水蜘蛛方式的外部运用——循环取货，以及最终的精益内部物流在整个供应链的应用扩展。

💡 11.1　均衡化生产

在精益中，有三个"M"分别是 Muda、Muri 和 Mura，Muda 是熟知的浪费，不增加价值的所有活动；Muri 为过载，员工或设备的负荷过重；Mura 为不均衡，是 Muda 和 Muri 波动的结果，是由于内部流程不稳定和计划排程不合理而导致的各种波动，这种波动向外延伸到供应链上时，会造成更大的影响，通常称为"牛鞭效应"。

不均衡实际上是更大的浪费，它通常会造成过量生产、库存的浪费，造成等待与过载的浪费，以及设备投资大、产能富余、不能快速满足客户需求等问题。解决 Muri 的有效方式就是均衡化生产。

11.1.1　什么是均衡化生产

均衡化生产，是指定拍工序如装配线，在向前工序领取零部件时，应均衡地使用各种零部件，混合生产各种产品。为此，在制订生产计划时就必须加以考虑。均衡化生产是实现"在正确的时间，生产正确数量的正确产品"的 JIT 生产的必要条件。

均衡化生产包括数量均衡和种类均衡（图 11-1）。

1) 数量的均衡化，即生产线上每日生产的产品数量是基本一致的。在看板

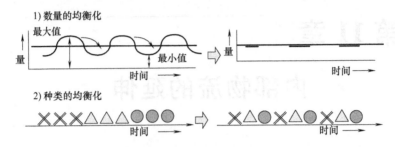

1) 数量的均衡化

2) 种类的均衡化

图 11-1　数量和种类的均衡

管理的环境中，如果下游工序在时间上和数量上毫无规律地领取零件，那么上游工序就势必要在加工能力、人员、设备等方面保持最大能力，才能配合负荷高峰的需求，但是在生产负荷下降时，就会被闲置，从而造成资源浪费。

2) 种类的均衡化。仅有产品数量方面的均衡化还不够，市场需求是多样的、变化的，所以生产必须要满足多样性的市场需求。也就是说，要在单位时间里尽可能生产出多种产品，也即混线生产，以最大限度地减少库存和客户等待。另一方面，种类均衡能有效减小供应链上的波动。

图 11-2 为种类均衡的生动对比。种类均衡使物料消耗平稳，使工作内容负荷平稳，减少波动，确保产线按照标准作业顺畅工作，确保最佳的线平衡。

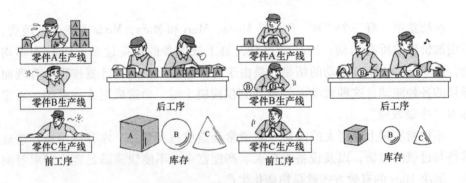

图 11-2　种类均衡的生动对比

11.1.2　均衡化生产的好处

通过定拍工序的均衡化，顺序的使前工序也逐步均衡化，在整个供应链上减少牛鞭效应。数量与种类的均衡化生产能最大限度地减少浪费，减少库存，更好地满足客户要求，在整个供应链上都有好处：

1) 物料型号和数量消耗平稳、生产稳定。

2) 设备和人力等资源负荷稳定，减少波动。

3）在制品、成品库存量减少，数量可控。

4）更快适应市场变化，更好满足客户需求。

5）生产线更加平衡，标准作业更易于实施。

11.1.3 如何进行均衡化生产

均衡化生产是一种目标状态，是希望达到的目标。要达到这一目标状态需要进行很多工作，既要在计划排程上体现，也要在生产线操作和物料配备上等实体上实现。以下涉及的信息流和物流工具在前文都已详述，此处只说明进行均衡的流程，不做详述。

1. 生产计划排程实现

图 11-3 为标准的均衡化生产模式，是均衡化在生产计划排程上的体现。从最初的客户订单开始，将订单转换成看板，经过物流箱和平衡箱两次的数量和型号均衡，进入产线顺序器进行生产。

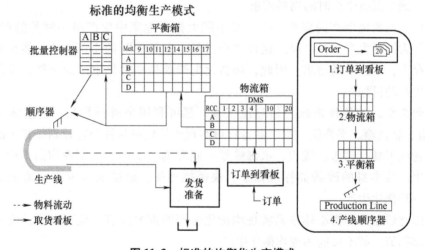

图 11-3 标准的均衡化生产模式

1）定拍工序：通常将离客户最近的连续生产工序称为定拍工序，如最后的装配线。确定定拍工序后，生产计划会下达到这里，从这里拉动上游工序的生产。

2）订单转换成看板：将客户的需求订单根据数量、交期等，转换成具体的装配生产看板，开始信息流流程。

3）物流箱均衡：根据产能约定，平衡每日订单数量，生产计划在物流箱进行第一次的均衡，侧重数量均衡，也考虑种类均衡。要注意的是，在需求订单不均衡的情况下，可以利用库存作为缓冲，削峰填谷，尽量均衡。

4）平衡箱均衡：根据人机料法等因素，安排每日具体生产顺序。生产计划在平衡箱处进行第二次的均衡，更侧重种类均衡。

5）顺序器生产：水蜘蛛将生产看板传递到顺序器上，生产员工根据顺序器上的生产看板进行生产操作。

2. 生产、物流具体实现

计划排程上可以很好地做到数量和种类的均衡，但最终还需要生产和物流将其具体实现。实现均衡化生产，需要物流和生产进行如下工作，这些工作也是前文内部物流各工具中讲解和设计的内容：

1）生产流动改善：特别是快速换型和标准作业改善。

2）建立超市：确定哪些常备库存、备多少，哪些不备库存，如何进行库存的调整。

3）建立线边：根据生产型号、数量等信息，确定哪些是看板零件，哪些是顺序零件，并确定分别放置多少量。

4）建立水蜘蛛模式：利用水蜘蛛实现小批量、多品种、高频次的物流运输配送，满足混线生产时的物料需求。

根据均衡化生产的要求，生产线不能大批量地集中生产单一种类的产品，而是每天同时生产多种产品。这种"小批量、多品种"的生产方式，能在最少的库存下，适应市场需求。因此，均衡化生产既是准时化生产的条件，也是准时化生产的目标。

前文所讲的各种物流与信息流工具，都可利用来进行均衡：信息流工具（看板、物流箱、平衡箱、顺序器等）可实现产品数量与种类在计划排程上的均衡；物流工具（超市、线边、水蜘蛛等）则在物料实体上可实现均衡排程，再加上生产线本身的改善如标准作业、快速换型等，就能实现准时化追求的目标——均衡化生产。

因此建立内部物流体系是实现均衡化生产的重要内容，也可以说，没有精益内部物流，就不可能实现均衡化生产。

🔆 11.2　水蜘蛛的外延——循环取货

水蜘蛛模式是内部物流的核心，是实现均衡化的重要前提。将内部物流中的水蜘蛛模式外延，即为外部物流中的循环取货。水蜘蛛主要影响线边的数量，而循环取货则可影响超市的大小。若循环取货运行较好，则超市库存量会大大下降，甚至取消，同时也说明在物料质量、均衡化生产等方面较好。循环取货也已发展多种形式以适应不同的工厂条件。对于循环取货的重要性和广泛应用，本节有详细介绍。

11.2.1 什么是循环取货

循环取货（Milk Run）最初的来源，是英国牧场为了到分散的养殖户家收取牛奶而采取的一种物流方式。由于其将分散的供应商串联起来，避免了空车的浪费，又能够保证物料的及时供应，这种方式逐渐为生产企业所借鉴，逐步发展成目前成熟的循环取货模式。汽车整车厂基本都在采用不同形式的循环取货，发展最为成熟。

典型的循环取货，是指第三方物流或者自主物流集货卡车按照固定的路线和时间，到路线上的供应商处收集货物，同时留下上批货物的空容器，最终以成套的形式将零部件送到客户处的一种物流方式，图 11-4 为循环取货示意图。循环取货是一种非常优化的物流方式，将传统的供应商推动送货方式转变为客户或者第三方拉动取货的方式，实现小批量、多频次的配送模式，最大程度实现 JIT，实现库存成本和运输成本之和最小的目标。

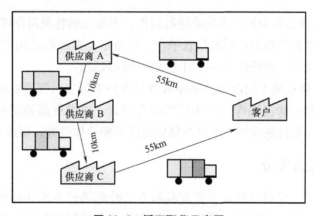

图 11-4　循环取货示意图

循环取货是水蜘蛛概念在外部物流的应用。水蜘蛛一般是在工厂内部的循环：水蜘蛛小火车从超市集中取料，按照固定的时间和路线，将物料配送到生产线的不同线边，同时收取空容器，再将其返回超市的物流过程。循环取货与之稍有不同：集货卡车从工厂出发，按照固定时间和路线，集取各处供应商的物料，同时返还空容器，最后将集取的物料返回工厂的物流过程。表 11-1 为循环取货与水蜘蛛的对比。

表 11-1　循环取货与水蜘蛛的对比

对比项	水蜘蛛	循 环 取 货
工厂终点	生产线线边	仓库超市或集货中心
终点工作	放下上循环空容器，取满容器	放下上循环满容器，取空容器

（续）

循环时间	0.5h、1h、最长2h	1h、2h、最长4~8h
路线	工厂内部，经过生产线线边	工厂外部，经过供应商
工具	牵引车与车厢	双（单）开翼货车，便于装卸
中途停靠点工作	放下满容器，取走空容器	放下空容器，取走满容器
人员归属	企业内部	通常第三方，也可企业内部

11.2.2 循环取货的优点

循环取货较传统的供应商送货有明显的优点：

1）循环取货是小批量、多频次，定时化的配送，可最大限度降低客户和供应商的库存量，在保证生产的情况下，减少库存金额占用，减少仓储面积和管理费用。

2）循环取货通常为第三方物流进行运作，专业化的物流运作可提高装载率、减少空载以降低物流费用；同时信息平台、物流定位系统的使用可提高准确率，提高过程管控能力，降低供应不及时造成的停线风险。

3）可促进供应链上的改善，循环取货对客户方而言，需要稳定的订单、标准化的生产操作与物流操作，同样对供应商而言，要求更高的质量和更短的交期。循环取货能促进供应链上客户与供应商的不断合作改善，促进共赢。

11.2.3 第三方物流

第三方物流，是指由独立于供方和需方之外的第三方来完成物流服务的运作方式。随着分工不断细化，近年来第三方物流方式得到较快的发展。其主要作用是整合物流资源、协调企业的物流活动，从而实现物流供应链集成。由于采用混装运输等模式，节省车辆资源，降低运输成本，为整个物流行业带来更大的利润，也为实现经济的小批量、多频次供货提供经济可行性。

采用第三方物流模式，制造企业可以节省更多的人力、物力和财力，将这些资源投入到核心业务之中，从而最大限度地增强自身的核心竞争力。同时，第三方物流企业在物流运作经验、物流网络的构建、物流设施和物流信息系统方面，都能提供更加有效的服务（在7.6节电子看板系统中也介绍过）。

11.2.4 循环取货的实施条件

循环取货需要客户、第三方物流和供应商三方的紧密合作才能发挥最大的效果，因此循环取货的实施条件也要从这三方进行分析：

1）客户自身。"攘外必先安内"，循环取货是以客户为主导进行设计的，客户的需求是设计的基础，因此，客户端在进行外部物流设计前，内部最好已经进行了 2~3 年的精益实践，在订单稳定性、生产流动性、内部物流配送上具备一定的精益水平。

2）第三方物流。最好在供应商集中区域范围内有成熟的第三方物流企业，能够提供运输、仓储、装卸、信息化等一系列服务，目前成熟的第三方企业也比较多。或者企业有自己的物流团队，可以自主进行物流作业。

3）供应商。循环取货路线中的供应商，第一要求是质量合格，因此最好是成熟的部件、成熟的供应商。

表 11-2 为循环取货可行性快速判断表，在实施循环取货项目前可进行自检。需要说明的是，得分少不代表不合适进行循环取货的项目，而是说明实施的难度会更大些，需要做更多的准备。

表 11-2　循环取货可行性判断表

序号	层面	判 断 项 目	是 (1)	否 (0)
1	客户层面	企业内部是否已实施精益生产 2~3 年？		
2		主要型号产品订单是否稳定（月度波动小于 20%）？		
3		生产线是否有标准作业并严格执行？		
4		生产线线平衡能否达到 85% 以上？		
5		当前供应商的容器是否与生产线线边的容器一致？		
6		企业仓库内的库存量是否超过 3 天？面积是否足够？		
7		是否有物料不齐套现象？		
8		是否有水蜘蛛以 2h 以内的循环时间配送？		
9		管理层是否有强烈的物流改善需求？		
10	第三方层面	是否有较好的第三方物流公司或者自有物流团队？		
11		是否有状态较好的车辆、人员、信息系统？		
12		在区域内业务量是否较多？		
13		是否有离客户生产区域较近的实体仓库？		
14		是否有循环取货的成功经验？		
15	供应商层面	周边 100km 范围内主要供应商是否超过 4 家？		
16		供应商是否自行送货？是否有空车返回现象？		
17		供应商产品质量能否达到 100%？		
18		供应商的库存量是否超过 2 天？		
19		供应商是否正在进行精益改善？		
20		供应商是否有意愿进行循环取货的改善？		

11.2.5 循环取货问题与对策

循环取货有诸多优势，很多企业特别是成熟的汽车行业和家电行业都在运用，但很多刚开始运行循环取货的企业，并没有取得很好的收益，费用上甚至还有所增加，没有达到预期的效果，它们大都遇到过以下问题：

1. 供应商不配合或被动接受

客户一般处在强势地位，供应商迫于压力会进行合作，但以下三个问题必然会遇到：

1）包装容器费用问题：为了避免倒包装和适应线边要求，需要供应商的容器和客户线边的容器一致，若当前供应商的容器需要更改或重新购买，就会产生费用问题，以及后续的管理和补充问题，供应商不愿增加额外的付出。

2）自己原有运输车辆、人员问题：供应商原先自己送货时，会有自己的车辆与人员，费用都包含在价格内。循环取货后，由第三方物流进行物流作业，原先的车辆与人员处置是个问题，零件价格也会调整。

3）库存增加问题。客户为保证每次都能顺利取货，会要求供应商增加安全库存，这就会产生占用区域及资金的问题。

对策："宏观思考，长期策略"，供应商参与程度是循环取货成败的关键，必须要让供应商积极参与。应从长期角度出发，在短期投入、零部件价格、付款周期等方面给予供应商支持，推动循环取货的良性循环。

1）共赢互惠原则。客户应站在大局，本着互惠共赢的原则进行循环取货设计，必要时可适当让步于供应商。

2）帮助供应商进行改善。供应商的精益水平一般低于客户企业，客户企业在经过 2~3 年精益实践后也初步培养了一批人才，这些人才可以帮助供应商进行改善，在效率提升、质量控制、库存控制等方面提高供应商水平，从源头上支持循环取货。目前很多企业也正在这样做。

3）培养战略合作供应商。好的企业背后必然有好的供应商，企业应从战略的高度与供应商进行合作，培养战略供应商，共同发展。

2. 零部件质量保证问题

1）零部件质量问题。批量送货时，如有不合格品可以挑出，不会影响生产，而一旦小批量供货，当零部件有质量问题时，就会造成生产线停线等重大后果，客户会进行惩罚，供应商不愿承担这个风险。

2）运输过程质量问题。自行送货时，供应商负责运输过程的质量保证，进行循环取货后，运输过程供应商无法控制，可能出现质量纠纷。

3）入库检验问题。由于之前检验样本数量选择、检验标准、检验周期等的限制，送货批量可能不能减少或者检验员的工作量增大，没有达到循环取货的效果。

对策："建立标准、过程控制"。质量是循环取货成功的前提，必须要保证零部件的质量才能上线。

1）质量是供应商必须保证的指标。供应商应充分认识循环取货后质量问题会对客户造成的影响，积极应对。短期可增加检验人员、增加过程检验、加大检验样本数量甚至全检，长期来说要进行工艺改善、设备改进、质量内置等提高质量。

2）客户、供应商和第三方物流应共同设计零部件的运输方式，对特殊零部件要进行专门的防护设计，避免运输中的质量问题。

3）根据历史数据，对检验标准进行更新，特别是样本数量和检验周期上。检验向上游工序延伸，必要时可驻厂检验。另外，建立战略合作供应商，开发免检供应商。

3. 客户计划波动

在正常的情况下，客户根据市场需求和生产能力制订出月/周/日生产计划，再将其转化为物料的需求月/周/日计划，然后按计划去各供给商处取货。但是由于市场预测不准确或生产内部的异常等导致无法制订连贯的生产计划，进而影响零部件的生产与运输，导致供应链上的波动，影响循环取货的正常进行。

对策："稳定压倒一切"。需求的不稳定是循环取货失败的导火索之一，为避免连锁反应，应采取以下对策。

1）生产企业在考虑循环取货时，应首先选择稳定的产品或型号，成熟的零部件与供应商，然后再逐步推广。

2）均衡化生产，从供应链角度出发，避免"牛鞭效应"，当需求波动时，利用库存、价格等工具控制波动，虽然短期会增加库存和占用资金，但从长期的角度来说稳定了供应链的正常运行，避免更大的损失。

4. 信息共享不充分

循环取货的良好运行需要整体协作，客户在生产预测、计划上的变化或问题应及时通知供应商；同时客户也需要了解供应商在生产制造方面的更多信息，以调整生产计划；第三方物流企业也须及时把握双方的信息，针对问题及时调整。这就需要一个比较完善的信息交流平台。

但在国内，实施循环取货的制造企业要么信息化程度不高，要么是自身的信息化基础尚好，如实施 MES 系统，但其众多的供应商信息化建设没有跟上，要么是第三方物流的信息化比较完善，但供应链的前后端没有配套使用，各种情况都会导致信息出现断层。

对策：充分信任，充分沟通。任何企业都不会脱离供应链而发展，好的企业也一定有好的供应链，因此供应链上的各方应充分信任，充分沟通，共同发展。

目前的软件系统，不管是 ERP 还是 MES，还是第三方物流的相关信息系统，都有上下游的相关模块，信息系统不完善的一方可以依靠比较完善的一方，建立统一的信息沟通平台，并进行不断优化。

5. 第三方物流不成熟

企业在选择第三方物流时，主要考虑成本和质量因素。而对于第三方物流来讲，要做到成本低于企业自主物流，关键是在于发挥出第三方物流的专业化运作和规模效应。然而，目前我国的第三方物流企业的管理水平普遍不高，自身实力不够强大，服务内容单一，不能帮助企业设计完整的供应链流程，也很难提供满意的物流服务和较低的价格。

对策：自力更生 + 强强合作。寻找成熟的第三方物流公司进行循环取货是最专业的方式，这样企业就不需要考虑物流配送上的工作，专注擅长的业务。而对于中小企业，企业自主物流和与供应商物流合作也是较好的选择：

1）对于物流业务量比较小、区域范围比较集中的企业，利用自主物流进行循环取货是最快捷的一种方式。自有物流已有车辆、人员等资源，对供应商和产品都比较熟悉，只要对其进行循环取货的流程设计，很快就能发挥作用。

2）企业可将自己物流与供应商自主物流进行整合，形成专业的第三方物流，服务于企业与供应商（很多第三方物流公司也是这样发展起来的）。这种独立与合作的关系，有利于三者间的协调，有利于物流成本的降低和服务质量的提高。

循环取货的建立与顺畅运行需要各方持续的努力，而倒退甚至失败却是非常容易。循环取货各方应从长期发展和供应链角度出发，不断改进流程中的问题，互惠互利，共同发展。

11.3　供应链上的改善

供应链涉及产品价值流上的各个企业，每个企业都是供应链上的一个点，如果每个企业都在进行改善，那么整个供应链都在改善，这时的改善效果是最大的，特别是会体现在整体库存量降低和交付周期缩短上。因此希望供应链上的每个企业，都进行系统的精益改善。

11.3.1　工厂内系统性改善

内部物流改善只是精益改善的一小部分，在物流团队改善的同时，其他改善也应同步进行。在公司范围内，要进行从上向下和从下向上的系统性的改善，包括项目改善、日常改善和支持性改善。三种改善对应三类改善团队（经理级、主管级、员工级），应对三类挑战（保持价值、创造价值、设计价值）。图 11-5 为系统性改善的逻辑关系图，其核心是全员参与改善，不断地进行 PDCA 和 SDCA 循环。

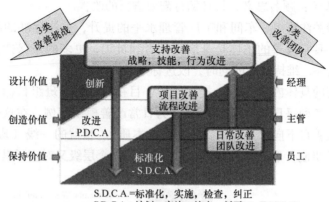

S.D.C.A.=标准化，实施，检查，纠正
P.D.C.A.=计划，实施，检查，纠正

图 11-5　系统性改善逻辑关系图

1. 项目改善：以项目形式开展的改善

项目改善关注绩效，以短期集中突破的方式获得绩效的大幅度提升。项目改善的典型实施方式是改善周，关于改善周模式的更多内容可参考王奎、俞世洋编著的《精益自主研套路》一书，图 11-6 为《自主研套路》封面及改善周理论基础。

图 11-6　《自主研套路》封面与改善周理论基础

项目改善以主管、经理、工程师为主体，在保持价值的同时创造价值。这是精益推进中最先开始的改善类型，也是持续进行的类型。项目改善包括流动管理改善、设备维护改善、质量提升改善等大的项目，然后拆解成具体的小的项目。本节关注的内部物流设计是一种项目改善，其中的各个模块设计，也是项目改善。

在工厂内，要不断地进行各种项目改善，经验来说，每年开展项目改善周的数量至少是企业人数除以 10（如：企业共有 200 人，则每年的改善周个数至少为 20 个），企业才能达到每年两位数的增长。

2. 日常改善：顾名思义，每日例行需要进行的改善

日常改善关注班组、车间和工厂管理水平的提升，关注标准的维持和每一天小的改进。日常改善的主体是基层管理者和员工，更多的是保持价值，不断进行 SDCA 循环，维持标准的同时，改进标准。

日常改善的具体内容有 5S、提案改善、目视化管理、班组长标准作业、现场安灯系统、各种每日例会等。图 11-7 为日常改善模型案例。在这个大树模型中，将日常改善自下向上分成精益的基础（本质）、精益的一线（班组）、精益的衔接（异常机制）和精益的树冠（中高层），每个层级又对应了具体的工具。

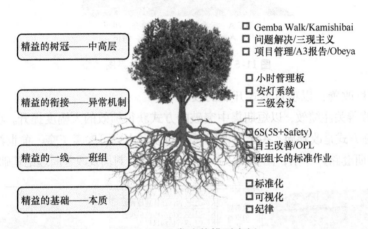

精益的树冠——中高层
- Gemba Walk/Kamishibai
- 问题解决/三现主义
- 项目管理/A3报告/Obeya

精益的衔接——异常机制
- 小时管理板
- 安灯系统
- 三级会议

精益的一线——班组
- 6S(5S+Safety)
- 自主改善/OPL
- 班组长的标准作业

精益的基础——本质
- 标准化
- 可视化
- 纪律

图 11-7 日常改善模型案例

在项目改善中建立的各种标准，包括内部物流中的线边、超市、水蜘蛛等的诸多标准，都需要通过日常改善来维持和改进，日常改善是维持和改进各种项目改善的根据地。

3. 支持性改善：支持项目改善和日常改善的改善

支持性改善关注战略、技能、行为与文化，为另外两类改善提供目标和支持。支持性改善通常由高层发起，其更多的是设计价值和创造价值。一方面高层通过战略部署、价值流分析等提出改善目标与方向，由项目改善和日常改善来实现；另一方面，通过制定政策、培养人才、创建改善文化等，支持日常改善和项目改善的正常进行。

支持性改善的常见改善有：

1）制度制定与落实：各种管理办法、政策、激励机制等的制定与落实。

2）人才培养体系：包括各种培训、内训师培养、精益学院建设、培养课程体系等。

3）大部屋（Obeya）建设：通过大部屋进行目视化项目管理，专注计划、检查和纠正，掌控整个精益改善的进行。图 11-8 为大部屋案例。

4）检查与评价：通过走动管理（Gemba Walk）、分层审核、成熟度评估、阶段总结等形式，对各种改善进行检查和评价，及时纠正方向。

图 11-8　大部屋案例

改善无止境，一旦开始就没有结束。通常从项目改善开始，日常改善跟进，支持性改善贯穿其中。不管是哪类改善，其结果都会直接或间接地体现在生产线和物流上。在工厂内进行系统的改善，有助于物料和信息更顺畅地流动。

11.3.2　供应链上推广（供应商 + 客户）

当企业内部进行多年的、系统性的改善之后，明显的浪费已经逐步消除，但新的浪费又会被识别，需要持续改善，不断消除浪费和提高团队的素质。内部逐步稳定后，供应链上的问题可能成为造成内部浪费的主要原因，因此要在供应链上（各级供应商与客户）推广精益改善。

供应链上的企业，同样需要进行生产流动改善和内部物流改善，也同样可以利用项目改善、日常改善和支持性改善的模式，共同消除浪费。当客户和供应商共同致力于消除浪费时，就在整个供应链上消除了浪费（图 11-9）。

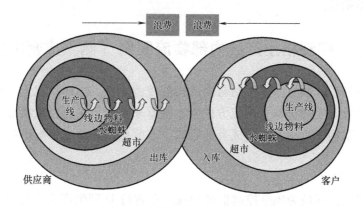

图 11-9　供应链上的浪费消除

第 12 章

内部物流改善案例

改善无止境！已经开展精益工作的企业会持续进行改善，生产流动与内部物流也会越来越顺畅。作者服务过的客户都在持续进行改进，本章将选择五个内部物流改善案例与大家分享。五个项目均为系统性的内部物流改善案例，本章摘取其中有代表性的部分进行讲解：第一个案例侧重成套配送，设计成套工装、建立成套区域、配备成套人员，由水蜘蛛以成套形式配送到线边；第二个案例侧重水蜘蛛，基于零件的特点设计不同形式的工装车，并进行低成本自动化设计；第三个案例侧重信息流系统，建立了完整的看板和信息流装置，以实体看板形式进行信息流传递；第四个案例较全面，侧重整个内部物流系统，包括成套、超市设计、水蜘蛛设计、信息流设计等；第五个案例侧重供应链全面流动，包括整个供应链上的改善，从生产流和内部物流开始，逐步前移到供应商和后移到客户，进行全面的改善。

本章以及之前章节中涉及的企业，都是优秀的精益改善企业，在辅导过程中也是教学相长。

💡 12.1　控制柜生产线内部物流案例（侧重成套配送）

本案例是系统性的生产流动与内部物流改善案例。生产方式上，将原有的单人作业改成 U 型单元线；物流方式上，将原来装配员工自己取料改成水蜘蛛循环配送。案例中运用了大量成套的形式，本节重点介绍成套配送在物流中的应用。

1. 项目概述

该项目试点区域为风电控制柜装配线，在进行 U 型生产线设计的同时，进行内部物流设计。产品零件除柜体较大较重外，内部多为电子元器件，数量多但体积、重量都较小。由于存在导电风险，在柜体内不能遗留任何小零件或漏装零件，因此项目组决定采用成套的形式进行物料配备和配送。

2. 项目历程

项目开始首先进行价值流程图绘制，收集现状问题，形成改善方向。第一阶段进行 U 型单元线设计，第二阶段进行内部物流设计，第三阶段进行日常管理设计。内部物流部分从容器设计开始，进行了线边设计、成套设计、水蜘蛛设计、工装车设计、信息流设计等。在成套配送设计阶段，主要进行以下工作：

1）成套工装设计。根据订单特点、产线速度、水蜘蛛循环时间等设计成套数量；根据工位零件需求设计哪些零件可以成套；根据成套零件特点设计成套工装。图 12-1 为成套设计过程，图 12-2 为某工位 C 类件成套容器。

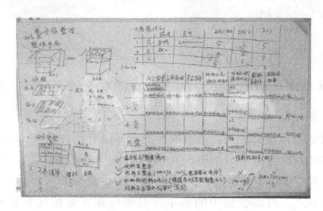

图 12-1　成套设计过程

2）成套区域设计。在新建超市附件，单独设计成套区域，将成套零件集合在一起，建立成套工位。成套工位的布置也要遵循一定规则，如与成套容器顺序对应等，便于成套人员使用。在这个案例中，由于成套物料数量较多，存在错误风险，因此安排有经验的员工进行成套，由水蜘蛛进行配送，员工只进行简单核对和使用，降低物料风险。图 12-3 为成套超市和成套工位。

图 12-2　某工位 C 类件成套容器

图 12-3　成套超市和成套工位

3）成套标准化和目视化。成套设计基本完成后，进行成套标准化和目视化设计，使配套人员、水蜘蛛和员工更清楚成套零件，减少错误发生。图 12-4 所示的是容器成套目视化，将成套配盘标准张贴在成套容器盖上，以便于使用。图 12-5 为成套工装车上的目视化。

图 12-4　容器成套目视化

图 12-5　成套工装车上的目视化

3. 案例心得

1）C 类件也可以成套配送。通常成套配送多以 B 类件为主，在某些条件下，也可考虑 C 类件的成套。本案例中，大量使用各种螺钉垫片等，理论上用双盒拉动最合适，但由于漏装或遗漏在产品中产生的后果会非常严重，因此 C 类件也设计为成套形式。内部物流中的各个工具要根据实际情况有针对性地设计，不能照搬照抄。

2）成套配送可以降低风险。特别是对于物料数量多、要求高的产品，以及新人较多时，成套配送可以大大降低物料用错、用混、多用、漏用的风险。

3）成套超市的位置接近生产线。本案例中，成套超市就在生产线一侧，水蜘蛛甚至取消了牵引车的使用，用手推动工装车即可到线边；同时，也有利于物料问题的快速响应。

💡 12.2　某重型装备内部物流案例（侧重水蜘蛛）

本案例历时近三年，是完整的内部物流改善案例。改善内容包括：工装车设计、线边设计、超市设计、水蜘蛛设计等。在经过内部物流设计后，线边物料大大减少，同时缺料、不及时、配送错误等情况大为好转。用水蜘蛛小火车的形式进行小批量（改善前为 10 台套，改善后为 2 台套）、多频次的运输，降低叉车、行车的使用频次。本节重点介绍内部物流中水蜘蛛的设计和运用。

1. 项目概述

项目试点区域为重型机械底盘装配线，由于生产线本身不能改变，因此首先进行的是线边设计，对各个工位所有线边重新设计，然后进行生产线标准作业，使生产线按照节拍均衡生产。生产线稳定后，进行物流设计，主要是水蜘蛛设计，包括工装车、路线、人数等，并向上游工序推广（同一厂区），使物料在整个生产流程内顺畅流动。

2. 项目历程

物流方面，项目首先进行的是工装车和线边设计，对线边进行了较大的改善。其次是水蜘蛛设计，由于物料较多，设计了多名水蜘蛛，进行模拟并形成标准作业。最后是建立月光工作室，在内部物流各工具运行过程中，对工装车、线边货架进行低成本自动化设计，充分发挥精益管的功能。在试点区域运行基本正常后，将同样的方式向上游工序推广，在整个流程中建立精益内部物流体系。

1）工装车设计。工装车设计是水蜘蛛设计中耗时最多的内容，其他如路线规划、停止点规划、标准作业等耗时相对较少。该项目 B 类件较多，项目组根据不同零件特点进行针对性设计。如在原有工装的基础上增加轮子和牵引，将叉车运输改为小火车运输；结合成套原则，设计成套工装。图 12-6 为团队在改进原有工装，图 12-7 为成套工装车，图 12-8 为嵌套式工装车。

图 12-6　团队在改进原有工装

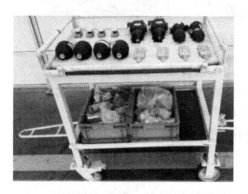

图 12-7　成套工装车

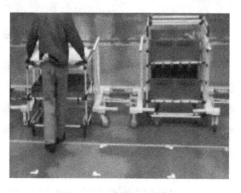

图 12-8　嵌套式工装车

2）水蜘蛛标准作业与模拟。制作工装车的同时，团队开始初步设计水蜘蛛标准作业，包括循环时间、路线、停止点和工作内容。在基本硬件（标准配置）和软件（标准作业）条件具备后，在生产现场进行模拟，改进工装车，磨合标准作业。图 12-9 为水蜘蛛标准作业，图 12-10 为水蜘蛛模拟过程。

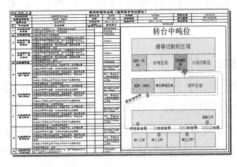 

图 12-9　水蜘蛛标准作业　　　　图 12-10　水蜘蛛模拟过程

3）低成本自动化设计。在项目进行一段时间后，物流项目组开展低成本自动化设计，利用重力、滑道、对接、旋转等形式，对线边料架、超市料架、水蜘蛛工装车进行低成本自动化设计，降低水蜘蛛劳动强度，减少循环时间，用较少的投入产生很好的效果。图 12-11 为水蜘蛛工装车的低成本自动化改善案例。

图 12-11　水蜘蛛工装车的低成本自动化改善案例

4）上游工序延伸。项目试点为定拍工序的总装线，因此首先进行总装线的线边和水蜘蛛设计，在总装线水蜘蛛运行正常后，将精益内部物流理念向上游焊接、下料工序推广，在下料过程中即开始成套，水蜘蛛以成套的形式配送到线边，大大减少了线边库存，减少缺料和配送不及时的现象。逐步将厂内的物流打通，形成顺畅的内部物流体系。

3. 案例心得

1）充分利用现有工装。本项目在工装车设计过程中，根据零件的重、大、异形等特点，设计了多种形式的工装车，另一方面，工厂本身已有许多工装架，如果重新设计和采购的话,新工装需要大量费用,且旧工装将被废弃。经过多次试验后,团队最终决定在原有工装上进行改善,既满足了各种需求,又节省了成本。因此在设计工装时,要充分利用现有的工装,降低成本。

2)水蜘蛛多次模拟。在初步制作完成水蜘蛛车厢和编制标准作业后,要进行多次模拟,在实际或模拟路线上多次运行,观察工装车情况、观察路途情况,将问题发现和解决在前面。在本案例中,水蜘蛛需要在厂区间柏油路上行驶,对工装车车轮、车厢震动、上下坡等都有要求,这些问题在模拟中很容易识别。

3)建立月光工作室。在进行工装车和线边设计时,公司即建立了月光工作室(在9.1节已述),进行各种工装、货架等的制作,加速了制作和改进过程。在月光工作室中,团队根据零件特点,针对性设计适合的工装车。在 6.2 节水蜘蛛的典型配置及6.5节水蜘蛛的设计步骤中提到的各种形式车厢和牵引在本项目中都有运用。更值得关注的是,随着经验的增加,物流的低成本自动化工装也由团队在工作室中完成,将月光工作室水平提升了一个档次。

4)改善团队的稳定性。稳定的团队对项目的快速推进至关重要,在物流项目初期,由于知识、经验的不足,进度较慢,但随着项目的推进,团队理论和实践能力越来越强,一般经过 3 年的精益实践,就可以成为企业内部的精益推进者。反之,如果团队成员经常更换,在推进速度和效果上都会打折扣。

💡 12.3 某小型压缩机工厂内部物流案例 (侧重信息流系统)

本案例历时近两年,是一个完整的新生产线建设案例。从设计之初便进行精益设计,包括:布局与生产线设计、容器/工装车设计、超市设计、水蜘蛛和信息流设计,以及后续的班组管理等内容。本节将重点介绍内部物流中的信息流系统运用。

1. 项目概述

由于需求增大,企业决定在原厂区内建立新的生产线,现有装配生产线为长长的直线型,新生产线为 U 型单元线。为配合生产方式的变化,同步进行内部物流设计,建立 JIT 式的物流方式。该案例是作者服务的第一家企业的项目,从中体验和领悟了精益物流的各个方面,借此机会表示感谢。

2. 项目历程

项目的生产线设计和物流设计是两个团队,各自主要内容不同,有分工也有合作。物流设计从容器设计开始,逐步进行物流和信息流工具的设计,进行了多次物流和信息流的模拟。生产线就位后,物流各工具也同步就位,试运行并持续改进。在信息流方面,主要进行以下工作:

1)看板设计。看板设计即对各种看板的设计和制作。该项目零件较典型,有大零件也有小零件，有外购件也有自制件，有看板零件也有顺序零件。根据不同零件的特点，经过反复讨论和大量计算，设计和制作了各种看板，如取货看板、顺序看板、装配生产看板、零件生产看板等。图 12-12 为塑封生产看板，图 12-13 为金属材质（零件下脚料制作）生产看板。第 7 章看板设计中的很多案例，都是来自这个项目。

图 12-12　塑封生产看板

图 12-13　金属材质（零件下脚料制作）生产看板

　　2）信息流装置设计。在生产线管理区附件设计并制作了平衡箱，在外购件超市及各车间超市处，设计各种物料的批量管理器，在装配生产线及各零件生产线设计生产顺序器。由于订单处理量较大且计划经常调整，项目没有制作实体的物流箱，以电子形式代替物流箱进行日别的均衡。图 12-14、图 12-15、图 12-16 分别为最终投入使用的平衡箱、批量管理器和顺序器。

图 12-14　平衡箱

图 12-15　批量管理器

图 12-16　顺序器

3）信息流系统模拟。随着信息流设计的推进，不断进行简单的模拟，摸索使用步骤，深入理解其作用，并判断在项目中是否要运用或如何改进。在信息流各工具基本成型后，进行了多次的系统性模拟，验证系统的有效性。开始编写信息流操作的作业指导书并不断完善。图 12-17 为不同阶段、不同成员进行的信息流系统模拟。

图 12-17　不同阶段、不同成员进行的信息流系统模拟

3. 案例心得

1）看板设计工作量最大。在信息流系统中，看板设计在第一步，并且在设计过程中要决定看板的形式等，需要大量的讨论和计算，有时为适应线边空间等，可能还会有反复，因此工作量较大。而后续的信息流装置设计更多的是在看板设计的基础上进行设计，相对较简单，时间较短。

2）对比促进改善。项目中，由于新生产线与原有生产线并存，因此很容易产生对比，在物流方面，新产线的前端供料、小容器、水蜘蛛配送到使用点等，都是原有生产线所不具备的，对比后各方都能发现精益物流的好处和不足，促进持续改善。

3）生产方式决定物流方式。物流服务于生产，物流方式取决于生产方式，本案例中，新生产线的建设改变了原来的生产方式，由大批量改为多品种小批量，因此物流也会对应进行设计，适应这种生产方式。反过来，如果要进行精益物流改善，那么也会影响或改变原来的生产方式。

4）信息流系统模拟。项目在设计时根据理论建立了完整的信息流各工具，并进行了多次的模拟，不断验证各工具的有效性和整体的有效性，同时，培养相关人员熟悉新的信息流方式，提前暴露问题，这样在投入使用时能减少障碍，快速正常运行。

⚙12.4　某燃气调压站装配线内部物流案例（侧重内部物流系统）

本案例历经一年，也是相对较完整的内部物流系统设计，包括容器/工装车设计、超市设计、水蜘蛛设计和信息流设计等内容，本节从内部物流系统层面总结和分享。

1. 项目概述

在项目开始前，企业内部已经进行了六年的精益改善活动，5S、提案改善、标准作业等都在进行，现场也有一定的改善基础。在物流方面，产品属于小批量定制化产品，型号多、数量少；物料以中大型管道、阀门、标准件等为主，数量不多但种类多，管道、阀门等多为定制件。因此存在现场物料不齐套、库存量大、配送不及时、使用叉车配送等问题。内部物流改善旨在解决这些问题，建立顺畅的物流体系，减少库存，缩短周期。

2. 项目历程

项目基本遵循内部物流设计的步骤，从容器设计开始，到超市、水蜘蛛和信息流，一步步建立内部物流体系。

1）容器/工装设计。这是进行内部物流设计的第一步，对各种零件分别研究和设计合适的工装容器。由于产品多为定制化，物料也相对专用，因此大量采用成套形式，包括成套容器和成套工装车，图 12-18 为成套管道件工装车，图 12-19 为阀类件成套容器，便于盘点、确认和成套使用。图 12-20 为抽屉式成套工装车，便于取料时的部分预装操作。

图 12-18　成套管道件工装车

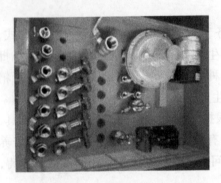

图 12-19　阀类件成套容器

图 12-20　抽屉式成套工装车

2）超市设计。对外购件超市和自制件成套区域进行设计，符合超市原则。取消原有的纸包装和两层货架，改成流利式多层货架和标准容器，便于水蜘蛛的拿取，保证先进先出。图 12-21、图 12-22 分别为标准件超市改善前和标准件超市改善后。

图 12-21 标准件超市改善前

图 12-22 标准件超市改善后

对于成套管道件，建立成套区域，尽量从喷涂工序安排成套，图 12-23 为管道件成套区。图 12-24 为超市的完全成套区，表示所有物料都配备齐全，可以上线，在这个区域对应设计有成套看板，控制零部件的成套与上线安排。图 12-25 为成套看板，与平衡箱配合使用，并进行预警。

图 12-23 管道件成套区

图 12-24 完全成套区

图 12-25 成套看板

3）信息流设计。进行信息流改善，优化订单流程，将成套看板与平衡箱结合，不成套则不生产，水蜘蛛根据平衡箱内订单看板和清单进行配料，按顺序进行生产。为简化操作，对顺序零件没有采用顺序看板，而是采用顺序清单的形式。图 12-26 为设计中的平衡箱，图 12-27 为使用中的平衡箱，在物料成套看板附近。

图 12-26　设计中的平衡箱

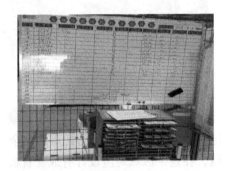

图 12-27　使用中的平衡箱

4）水蜘蛛设计。将以前的叉车形式配送，设计成典型的水蜘蛛形式。采购牵引车，设计车厢和牵引，以成套的形式进行物料的配送，能大大提高及时率和准确率，同时也能提高安全性，减轻劳动强度。图 12-28 为模拟中的水蜘蛛，图 12-29 为实际运行中的水蜘蛛。

图 12-28　模拟中的水蜘蛛

图 12-29　实际运行中的水蜘蛛

3. 案例心得

1）对于多品种、小批量甚至定制化的产品，非常适合采用成套配送的形式。要从容器、成套区域、成套看板、成套异常反馈等各个方面建立成套配送体系。

2）系统化内部物流设计。在前文也多次强调，内部物流是系统性工具，单个工具也有作用，但将各工具结合起来作为整体使用时作用更大。本案例中，将成套看板和平衡箱合作使用，只有成套后才安排生产，避免生产后发生缺料现象，同时，督促各工序物料的齐套改善，起到了较好的效果。

3）标准化及知识总结。标准化是任何改善后都要进行的，对于系统的改善，还要进行知识总结，将知识点、系统、经验都总结下来便于其他人员学习。在人员变化较快的企业，更应如此。在项目进行过程中，团队总结、编制了大量标准流程文件。图 12-30 为《内部物流系统优化实践手册》。

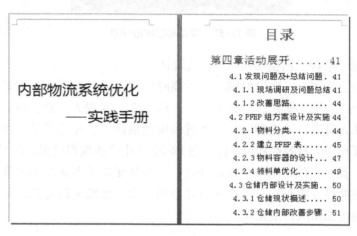

图 12-30　《内部物流系统优化实践手册》

💡 12.5　某中压开关工厂内部物流案例（侧重供应链全面流动）

本案例是作者经历时间最长、开展内容最全面的项目，是一个系统的精益改善案例，本节从供应链流动角度进行总结和分享。

1. 项目概述

项目启动时，新厂房正在建设中，公司组建人员在临时租用的厂房内办公。项目从新工厂布局设计开始，经历了物流设计、标准作业、基础管理、班组管理、均衡化、供应商改善、信息化等过程，将一个全新的厂房变成精益的工厂。在接近十年的时间里，虽然人员有变化、产品有变化，但改善一直在进行，也取得了非常好的成绩，作者也因能够全程指导这样的项目感到荣幸。图 12-31 为项目初期核心团队。

2. 项目历程

项目已持续多年，根据主要内容可总结为八个阶段。

图 12-31 项目初期核心团队

(1) 第一阶段：精益布局与生产线设计

在设备采购和工厂建设的同时，在临时厂房内进行精益布局设计，采用 U 型单元线形式，站立操作、工位平衡、人机结合，实现人、机、料、法的良好配合。工作人员进行了七种设计，经过多次模拟活动，并进行了一段时间的试生产，验证布局的有效性和可靠性。图 12-32 为生产线模拟过程，图 12-33 为初步建成的 U 型生产线。随着需求的变化，后来又建立了多条小的部件产品单元线，也都遵循精益的布局与生产线设计原则，由于已经掌握方法，新单元线的设计大多由内部团队自主完成。

图 12-32 生产线模拟过程

图 12-33 初步建成的 U 型生产线

(2) 第二阶段：内部物流设计

在布局与生产线设计的中期，即开始进行内部物流设计。设计与建立内部物流的各个工具，如容器、线边、超市、水蜘蛛、看板等，用最少的库存，实现多品种、小批量、高频次的 JIT 式物流配送。

设计之初即采用可重复使用周转容器，不用纸箱，并要求供应商采用相同容器。由于供应商同样为新开发，因此在最开始时即采用相同的容器，从源头减少浪费。设计工装车、线边和超市并用精益管快速搭建和改进，超市就设置在生产线附近，减少运输距离。设计水蜘蛛，成套配送物料到线边；在各工具实体用精益管等初步完成后，进行内部物流的系统性模拟，并不断改善。新厂房建设完成之后，直接将各种精益管工装转移到新厂房中，直接使用。图12-34为水蜘蛛模拟过程，图12-35为新厂房中的超市区域。

图12-34　水蜘蛛模拟过程

图12-35　新厂房中的超市区域

（3）第三阶段：生产管理的标准化工作

搬入新厂房后，生产线与物流能基本运行，接下来进行稳定性和标准化工作：开展5S活动，建立班前会、质量、安全和班后会，建立纸卡检查系统，建立现场管理区，快速响应各种异常等；培养生产管理者的改善能力，维持和改善之前的生产和物流设计。图12-36为每日晨会，图12-37为现场生产管理区，快速响应现场问题。

图12-36　每日晨会

图12-37　现场生产管理区

（4）第四阶段：维持与改善

以上工作大概进行了一年半左右的时间。对新人、新工厂来说，已经导入了很多的精益工具，需要时间进行细化和沉淀。对影响生产的问题利用精益的工具进行逐项突破，理顺生产过程，培养团队发现问题、解决问题的能力；建立员工的提案改善机制，鼓励员工进行改善，图12-38 为员工提案改善的目视化展示；对之前的工作进行评估和总结，形成新的改善机遇；在这个阶段，建立大部屋，开始对整个工厂进行大部屋管控（图12-39）。

图12-38　员工提案改善的目视化展示

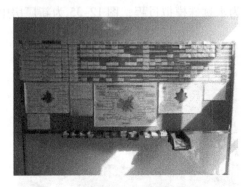

图12-39　大部屋

（5）第五阶段：均衡化改善

在经过了大概两年时间后，企业已经初步建立了内部物流体系和日常改善体系，并能自发地进行持续改善，也培养了一批具有精益思想的高层管理人员和一线管理人员。随着工厂的逐渐稳定，订单数量逐步增大，出现型号和数量不均衡的现象，导致生产和物流产生波动。因此应在内部物流的基础上开始建立均衡化拉动生产，从订单开始一直到完成产品，建立完整的拉动体系。设计并建立订单看板、物流箱、平衡箱、顺序器等拉动生产工具，进行均衡化生产。图12-40 ~ 图12-42 分别为初步建立的物流箱、平衡箱和顺序器。

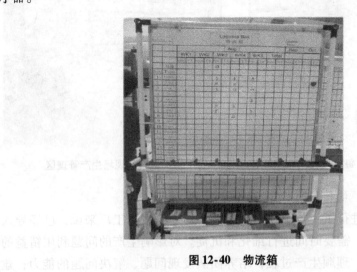

图12-40　物流箱

图 12-41 平衡箱

图 12-42 顺序器

（6）第六阶段：供应链改善

经过了上述五个阶段的改善，企业内部已经初步建立了精益的各种机制，内部可自主进行改善，明显的浪费逐渐减少。但同时供应链上的浪费逐渐明显，体现在原材料库存和成品库存上，因此企业开始进行供应链上的改善。

对于客户，其主要客户为国内另外两家集团内部公司。集团通过进行流程整合，调整组织架构，进行流程型管理，使成品库存大大降低。对于供应商，协助供应商进行改善，实施拉动生产、增加供货频次等，基本取消了原材料库存，甚至最后取消了超市区域。图 12-43 为与供应商看板拉动区域，图 12-44 为与供应商共同改善。

图 12-43 与供应商看板拉动区域

图 12-44 与供应商共同改善

（7）第七阶段：信息化改善

在最初设计的物流系统中，使用实体看板来传递信息，经过运行与改善，模式已经非常成熟，因此引入智能团队设计与建立了电子看板拉动系统。利用信息化方式，加速信息传递，可以更好地进行过程管控。在 7.6 节电子看板系统中介绍了该案例。

（8）第八阶段：持续改善

改善无止境，经过多年的精益实践，企业中高层管理者深知持续改善的重要性，也在持续地推进各种改善的进行。在每年的拜访中，能看到精益的工具在持续运用并不断改善，能看到各级人员对精益的理解和热情，希望公司越来越好，从优秀走向卓越。

3. 案例心得

1）新工厂是精益导入好时机。该项目为新建工厂，人员都是新人，没有根深蒂固的思想，在入厂时就能按照精益的要求去执行，再有新人入厂时，也能感受到精益的氛围，更容易接受精益的方式，因此推进精益遇到的阻力相对较少；同理，在老工厂改造时，由于设备布局等也会发生变换，也是导入新模式的好时机。

2）各种工具的运用是水到渠成的事情，不要贸然导入很多工具，时机不成熟会导致事倍功半。精益的工具很多，需要在适当的时候导入适当的工具，而不是贪多、贪新、贪快，需要不断实践已经推进的工具，使之发挥更大作用。

3）高层管理者的理解和参与对精益的推进至关重要。人员变化很正常，但核心管理者对精益的理解和参与对精益的推进至关重要。该项目工厂总经理一直没变，其对精益的认识也越来越深，一直在推动精益的进行，过程中的诸多变化都没有影响精益战略的实施。

4）信息化导入之前要进行一定的精益改善。信息化导入是必要的，但在导入之前一定要进行一段时间的精益改善，才能更好地发挥作用。没有梳理好各种流程就导入信息化，必然会运行不畅，该项目是一个正面例子，在充分改善之后再导入信息化，效果较好。

本章介绍了作者近年服务的五个代表性项目，分别从成套配送、水蜘蛛、信息流、物流系统和供应链全面改善等几个角度针对性分享。这些优秀企业，不管开始时进行的是哪种类型的改善，一旦开始，就持续地在进行，没有结束。持续不断进行改善的企业必然会越来越优秀，也希望更多的企业开始迈出改善的第一步，从此踏上精益之旅。